"例外"的个体

论加藤周一及其思想

刘 争 ◎著 陈诗雨 ◎译

知识产权出版社

全国百佳图书出版单位

—北 京—

图书在版编目（CIP）数据

"例外"的个体：论加藤周一及其思想/刘争著；陈诗雨译. —北京：知识产权出版社，2023.1

ISBN 978-7-5130-8325-6

Ⅰ.①例… Ⅱ.①刘… ②陈… Ⅲ.①加藤周——思想评论 Ⅳ.①B313.4

中国版本图书馆 CIP 数据核字（2022）第 160419 号

策划编辑：李　硕　　　　　　　　责任校对：潘凤越
责任编辑：高志方　　　　　　　　责任印制：刘译文
封面设计：杰意飞扬·张　悦

"例外"的个体
——论加藤周一及其思想

刘　争　著

陈诗雨　译

出版发行：知识产权出版社有限责任公司	网　址：http：//www.ipph.cn
社　　址：北京市海淀区气象路50号院	邮　编：100081
责编电话：010-82000860 转 8512	责编邮箱：gaozhifang@cnipr.com
发行电话：010-82000860 转 8101/8102	发行传真：010-82000893/82005070/82000270
印　　刷：天津嘉恒印务有限公司	经　销：新华书店、各大网上书店及相关专业书店
开　　本：880mm×1230mm　1/32	印　张：7.25
版　　次：2023 年 1 月第 1 版	印　次：2023 年 1 月第 1 次印刷
字　　数：168 千字	定　价：76.00 元

ISBN 978-7-5130-8325-6

代　序

致刘争《"例外"的个体——论加藤周一及其思想》

加藤周一是日本战后具有代表性的国际派知识分子，本书是关于其思想的可能性的讨论。著者刘争在她过去四十余年的人生中，一半成长在中国，一半求学于日本，并在日本成为一名研究学者。她的研究方向是东洋哲学和日本思想，她是一位有热情、有观点的学者。

在《"例外"的个体——论加藤周一及其思想》中，著者把加藤周一的思想与行为作为一种"例外"加以把握。从这一观点出发对加藤周一的考察研究，可以说在本书之前还从未有过。然而，本书的特色不仅限于此。著者还试图对加藤周一及其同时代的思想家丸山真男（从事日本政治思想史研究）和竹内好（从事中国文学研究，尤其是鲁迅研究）展开对比研究。这样，加藤周一就在广阔的战后思想史中获得了一个位置。

---

* 日本立命馆大学加藤周一当代思想研究中心顾问、作家及评论家。

首先，我要介绍一下本书的讨论对象加藤周一是何许人也。加藤周一1919年生于东京，2008年在东京去世，享年八十九岁。他一生出版的著述总计二百余种，任教过的国外大学超过二十所，更在几十个国家和地区演讲过。至今，日本以外的加藤周一作品译本已超过五十种。

加藤周一的一生有百分之九十的时间在20世纪度过。在20世纪如"战争与革命的世纪""科学技术的时代""大众的时代"等诸多命名之中，"战争"对加藤周一有着非常重要的意义。在加藤周一作为知识分子得以自我形成的青年时代，紧紧裹挟着他的便是"战争"：加藤周一在"九一八"事变爆发的1931年进入东京府立第一中学，又在1945年日本战败之际从东京帝国大学（现东京大学）医学系毕业，开始了在医学系的助教工作。换言之，加藤周一的初中、高中和大学时代的每一天都在战争中度过，他也别无选择地开始思考"战争"：体味着战争中命如草芥的险境，痛惜被战争破坏的"日本文化"；同时畅想着或将到来的"日本的民主化"，探索"知识分子应当度过怎样的一生"。

"二战"中，许多日本知识分子被军国主义浪潮越冲越远。加藤周一目睹过一些曾经反对战争的日本知识分子不久便转变态度，站在尽管对战争不积极支持，却也消极赞同的立场，而另一些在战争中狂热鼓吹"唯神之道"的日本知识分子，在战争结束后，仿佛一夜之间不痛不痒地从"鬼畜英美""歼灭干净"转为"欢迎美国人"与"和平与民主"。那些知识分子的动向使加藤周一又获得了一个问题意识：日本人看待事物、思考问题的根本机制。

上文提到的加藤周一的种种问题意识，即"战争""日本文

化""日本的民主化""知识分子应当度过怎样的一生""日本人
的思考方式"等都不是分别独立存在的，而是作为一个综合的整
体，一直存在于加藤周一思想的核心。表现出这些思想的加藤作
品，包括一系列的"杂交种文化论"❶（1955）、《战争与知识分
子》（1959）、自传体小说《羊之歌：我的回想》（1968）、《日
本文学史序说》（上、下，1975—1980）、《日本，其心与形》
（全十卷，1987—1988）、《日本文化中的时间与空间》（2007）
等，都是他的代表论述。其中，"杂交种文化论"、《羊之歌：我
的回想》、《日本文学史序说》（上、下）、《日本文化中的时间与
空间》均已经在中国出版。著者刘争的论述以从"杂交种文化
论"到《羊之歌：我的回想》（包括其续作）再到《日本文学史
序说》的加藤周一的思想轨迹为主要对象。换言之，她从正面切
入了加藤周一思想的核心问题。

　　本书讨论的加藤周一著述有待读者于正文中慢慢发现。在
此，我想为书中未曾详细论及的那部分论考和著作做若干补充。
加藤周一在《战争与知识分子》一文中比较了"二战"时两位
日本知识分子的言论与行动：其一是高见顺，其二是永井荷风。
这篇论考的问题意识在于，如果永井荷风是一种"例外"，以此
为对比，为何许多日本作家（如高见顺）顺应了当时的战争意
识形态而未能做出抵抗呢？《日本，其心与形》则以美术史为主
题，加藤周一在该著述中基于"形乃精神的外化"这一基本视
点对美术作品和文学作品展开分析，将日本美术史理解为一部精

---

❶　另有称"杂种文化论"。参阅加藤周一：《日本文化的杂种性》，杨铁婴译，
吉林人民出版社，1991 年。——译者注

神史。《日本文化中的时间与空间》则如其标题展现的那样，是一部考察日本人的时间意识与空间意识如何反映在美术作品与文学作品之中的论著。这些思考无一不是以其"二战"期间与战后的体验为起点，并且沿着这一起点所产生的问题意识，试图阐明日本人看待事物、思考问题的特点。

在把握加藤周一思想与行动之际，有三点应当注意：第一点，加藤周一终生都保持着日本社会"局外人"的视角；第二点，加藤周一是日本战后为数极少的拥有高度"思想一贯性"的知识分子；第三点，加藤周一的预设读者不限于研究者和学者，他也"面向有知识的大众不断言说"。

关于第一点的"局外人"，是加藤周一在自传体小说《羊之歌：我的回想》中反复论述的主题。他从幼时直至晚年都没能融入自己所属的集团与时代的"大势"，而是被这个集团或"大势"所排挤，总抱有"局外人"或"旁观者"的自我意识。不过正因为成了"局外人"或"旁观者"，加藤周一才得以从集团或"大势"中抽身，能不受过多束缚地、冷静客观地观察。加藤周一将这一观察方式谑称为"俯瞰众生"。这绝不是轻而易举就能做到的事，只有极少数"例外"的人才能够做到。

第二点的"思想一贯性"包含两个侧面。其一是加藤周一的研究主题。加藤周一兴趣极广，文学和艺术自不待言，甚至从政治、社会到科学，乃至宗教，包罗万象。然而我认为，其实加藤周一（在众多表象的主题之下）自始至终不断拷问的都是同一个东西。那么这个东西是什么呢？就是战争体验，即从"二战"期间和战败伊始的体验中生长出的"日本人看待事物、思考问题的方式"这一主题。加藤周一围绕这一主题的经年累月的思考，造就了《日本文学史序说》（上、下）、《日本，其心与形》、《日本文化中的时间与空间》等一系列著述。

其二是加藤周一的思想性立场。加藤周一的思想性立场是"自由主义"与"民主主义"，对于凡是阻碍自由与民主的，或有阻碍可能性的东西，他都坚决反对。从将天皇制视作日本的重大疑点，到参与维护和平宪法第九条的社会运动，再到从未进入大学教员的正规编制，凡此种种，都表现了他对自由与民主的尊重。这一点从"二战"时期到其晚年都未曾发生改变，在日本战后知识分子中也属"例外"。

20世纪60年代中后期，在新左翼运动风暴席卷日本之际，加藤周一与丸山真男一同被批判为"小布尔乔亚知识分子"。当时的人们认为，加藤周一"虽有知识，却不积极参加政治运动，是个保守的思想家"。然而，斗转星移，当世界变得保守之时，加藤周一又成了"左翼"，成了所谓的"赤色分子"，甚至成了"过激派"。他曾不无讽刺地感慨："我好像又变成过激分子了。"在我看来，加藤周一在"二战"前后的思想性立场基本是贯穿一致的，本身并未发生变化。

最后是第三点的"面向有知识的大众不断言说"。加藤周一并非学院派，而是在学院和媒体的夹缝中进行言说和创作活动，这是因为他没有那种认为言说或创作活动不属于"行为"的想法。因而，他在预设言说和创作活动的倾听者和读者时，不会将其局限在研究者或学者之中，而是扩展到"有知识的大众"。加藤周一在《朝日新闻》上连载了长达二十四年之久的"夕阳妄言"系列专栏，就是团结日本社会非权威群体的信号。此外，他还参与市民团体"白沙会"和"凡人会"，出席古在由重主办的

"咖啡时间的哲学教室"和许多其他市民圈层的学习会，并在其中发言。这些都表明，加藤周一愿意与少数人同行。

本书以"例外"定位加藤周一，绝不意味着他是异端或者怪人。这种"例外"是一种"普遍的例外"——这才是本书观点最为精妙之处。当加藤周一的思想被辨识到存在一种普遍性之时，它将在21世纪的日本人与中国人之间获得新生。能从加藤周一的思想中获得怎样的启发，也是生活在21世纪的我们应当思考的课题。本书恰好为此提供了一种可能性。

目 录

绪　言

今天，我们为何谈论加藤周一

一 加藤周一思想的射程

本书试图明确日本战后最具代表性的知识分子之一、加藤周一（1919—2008）的思想射程。为何要在今天谈论加藤周一思想的可能性？作为答案，笔者将给出以下三个关键词："杂交种文化"、"本土世界观"和"例外"。

"杂交种文化"是加藤周一用以比照西方"纯种文化"的造词。在一般语境中，与"纯种"相反的"杂交种"通常带有贬义，而加藤周一则将这一日本式与西方式共存的状态视为日本的文化特征，对其加以肯定。"本土世界观"，指不同时代的日本本土价值观在应对外部思想挑战时所产生的一系列反应。"例外"指的是接受这一外来思想的挑战并创造出杰出作品的人物。换言之，指历史舞台中登场的那些不同于时代主流，而作为时代非主流的"例外"活动的人物。本书将对上述三个概念做出详细解释。

法国留学归来后，加藤周一随即发表文章《日本文化的杂交种性》❶（1955），在其中批判了国粹主义式的日本文化论、对西欧文化的过度崇拜论，同时由此展开其对文化"杂交种性"的肯定性论述。随着论述造成的广泛反响，加藤周一又在其极富原创性的代表作《日本文学史序说》（1975—1980）中发展了这一观点，试图分析思想与文学是如何不作为独立之物存在，而总处于相互影响之中。加藤周一在其中着重分析了在日本思想和文学

---

❶ 加藤周一「日本文化の雑種性」、『思想』、岩波書店、1955 年。

史中堪称"孤立（高）的杰作系列"的一系列"例外"文本，并阐释了其富含的普遍意义和可能性。

加藤周一对"本土世界观"和"例外性个人"之间饱含张力的复义性思考，正是他向当下的我们投来的巨大课题。尽管加藤周一通常仅被看作"评论家"而非职业思想家，但笔者仍认为有必要将其先驱性的思考轨迹重新定位进日本战后思想史，并进一步质询其意义和可能性。

我们所处的全球化大潮正不断催生某种未来的"新杂交种文化"。如果说加藤周一探索了一种积极的"杂交种文化"与作为其思想基础的"本土世界观"之间的关系，那么追寻这一探索活动的意义和射程，则无疑有助于当下的我们更好地观照自身。

正如托马斯·库恩（1922—1996）在《科学革命的结构》（1962）中提出的范式理论，科学家的探究活动并非个体的独立现象，而往往是共享着一系列前提和步骤的特定科学家集团所从事的社会活动。然而，库恩补充道：

> 那些能够重组或颠覆现有范式的革命性发现，皆始于对非常规性的发现，意即打破自然从一般科学的共通范式中生出的预测；其次则是对这一非常规性存在的场所做出广泛的探索；最后，对现有的范式的理论做出修正，使其能够预测非常规性。到了这一步，我们的工作就结束了。使这一理论能够包含新的事实，这其中的意义超过了对这一理论做出单纯的修改。❶

---

❶ トーマス・クーン『科学革命の構造』、中山茂訳、みすず書房、1971 年、第 59 頁。

换言之，科学家的新发现正意味着注意到一些非同寻常的、奇怪的东西，而且科学家对这一发现能够广泛开展调查，通过不断修正旧有理论，生产新理论。诚然，我们的主题是否能与自然科学对接，还需做出进一步论证。然而，相信读完本书后，读者也一定能感受到加藤周一对日本思想和文化中"例外"意义的思考，是如何与重视"非常规性"的范式革命产生呼应的。

加藤周一出生于东京，曾是医生，也是评论家。自东京府立第一初中、第一高中毕业后，加藤周一考入东京帝国大学医学部。大学期间，他醉心法国文学，是法国文学研究室的常客。"二战"期间，加藤周一痛感战争的非理性，怀着对战争的强烈反感发表了一系列文章，战后又在其第一本著述（合著）《1946：文学式考察》❶中对战争猛烈批判。1951年，加藤周一赴法国进修医学，同时在对法国文学，欧洲美术、音乐、话剧及欧洲思想的深入学习中，意识到历史性在当下的意义，并察觉思想和文学之间的关联。在西方文化的触发下，加藤周一深切感到必须重新把握日本文化的本质。在1955年归国后，加藤周一发表了一系列关于"杂交种文化"的议论❷，又在20世纪70年代到80年代出版的《日本文学史序说》（上、下）中提出"本土世界观"的概念。加藤周一的写作活动遍及多个领域，因而通常被分门别类地考察分析，而笔者则强调要关注其背后的共性。加藤周一发表的文章和言论基本结集在《加藤周一著作集》（全二十四卷）、《加藤周一自选集》（全十卷）之中，还有多种演讲集

❶　加藤周一・中村真一郎・福永武彦『1946：文学的考察』、真善美社、1947年。
❷　加藤周一『雑種文化：日本の小さな希望』、講談社、1956年。

和采访集。从日本战后思想史的角度来看，较之小林秀雄、吉本隆明、鹤见俊辅等人，加藤周一更多地投身于文学和艺术领域，而非思想领域的活动。晚年的加藤周一积极参与"九条会"的活动，致力于对日本宪法第九条的守护。

加藤周一逝世于2008年。2011年，日本经历"三一一"东日本大地震。2019年，日本年号改为令和，而中国则迎来五四运动一百周年的纪念。正如成田龙一"跨栏"❶概念所指出的，如果日本"战后"的概念恰恰是在对"战前"的回顾中被定义的，那么为了更好地理解当代日本，则同样需要一个"跨栏"的视角，对地震之前的"战后"日本社会进行重构化和历史化。下文将考察处于这一知识语境的研究者，对加藤周一的"杂交种文化"做出的评价。

鹫巢力认为，"加藤在20世纪50年代前期创作的一系列'杂交种文化论'属于'文化多元主义'范畴"❷。重视战后思想概念的小熊英二则论述了加藤周一作为战后知识分子，其《杂交种文化论》与"克里奥尔文化论"❸的相似性。

> ……加藤周一的"杂交种文化论"类似于"克里奥尔

❶ 成田龍一『加藤周一を記憶する』、講談社、2015年、第17－22頁。

根据成田龙一的说法，"跨栏"是指"在迎接历史上决定性瞬间的过程中，对迄今为止发生的事（过去）的看法产生变化，以这一新的过去之'像'为抓手思考以后（未来）的事"。

❷ 鷲巢力『「加藤周一」という生き方』、筑摩書房、2012年、第301頁。

❸ "克里奥尔"原本指出生于殖民地的白人，近年泛指在各类情况下遭遇异质性文化、与其共存的状态，是带有"主体化"意味的、在悖论意义上的"主体"。尽管父母存在，起源却不在场。在这一情况中构想并自述不基于原理性的身份认同，是被另一种身份认同支撑起的主体。

（Creole）文化论"，与国民历史学运动、生活记录运动思想的底层研究有相通之处，这并非不可思议。丸山真男的《忠诚与反叛》、鹤见俊辅的思想等，通过对"传统式范畴"的重新解读产生的对新文化的创造，同现代文化理论相似的内容，可以说都与那样的背景有关。❶

无论是将加藤周一的思想与"多元文化主义"❷还是与"克里奥尔文化论"进行比对，都不难发现"杂交种文化论"在当今社会的普遍文化现象中呈现出的先驱性问题意识。在小熊英二看来，当下被广泛讨论的日本人的价值体系与民族认同问题，与加藤周一和丸山真男在20世纪50年代谈论的问题并无二致。小熊英二将"代际"和"主体性"看作日本战后思想的两大特征，并做出如下论述：

> 丸山等人的年龄问题常被人忽视，这群"战后民主主义"的代表性论者在刚战败时都很年轻。以三十一岁的丸山真男为首，加藤周一、日高六郎、鹤见俊辅等都才二十出头。丸山评论战败后自己参加的知识分子团体"青年文化会议"时，认为该"会议"是"三十岁出头的，多多少少共有受害者意识与世代论想法的知识分子的团体"。这里出现的"世代"一词，与"主体性"一词相同，成为战后思想

---

❶　小熊英二『〈民主〉と〈愛国〉：戦後日本のナショナリズムと公共性』、新曜社、2002 年、第 798 - 799 頁。

❷　"多元文化主义"在强调多个文化共存的意义上可以区别于"杂交种文化"中多个文化融合的状态。不过根据这一范畴的定义，可以认为其中鸟瞰式的视点与"杂交种文化"有互通之处。

的一大特征。❶

可以认为，文中"三十岁出头"的"世代"，是包括了大约于 20 世纪前二十年出生的知识分子的一代。小熊英二以共享"受害者意识"❷ 和"代际论想法"定义那一代知识分子。换言之，在他看来，战后思想的最大特征，即那样一群知识分子在意识到战后阶段的情况下，试图发挥自己这一代的主体性。向我们一代的主体性❸抛出问题的"战时"和"战后"的最重要课题之一，便是与威胁人类存续的变异病毒的战争，以及在这场战争中幸存下来的我们在现在和将来面临的一系列问题。在此意义上，要如何发挥我们的主体性，就成为由每一个人所构成的这一代的"代际论想法"。

加藤周一"杂交种文化论"涉及的内容，在许多领域都与当下的课题有共通之处。小熊英二对这一共性的指摘基于如下的认识，即 20 世纪 60 年代以后，驳杂混沌的日本战后的思想被"战后思想"这一总称所统摄。此时，"战后民主主义"作为

---

❶　小熊英二『〈民主〉と〈愛国〉：戦後日本のナショナリズムと公共性』、新曜社、2002 年、第 203 頁。

❷　此处所谓的"受害者意识"，简单地说，是指被战争事实裹挟、在战争中改变了人生的年轻人，将自身看作是发动战争的老一辈日本人的"受害者"或"牺牲品"的意识。此外，小熊英二也补充了在 20 世纪 50 年代日本民主教育中兴起的另一种"受害者意识"，即在将日本同样指认为亚洲后发国家的基础上，通过这一"受害者意识"使其与亚洲其他在战争中被帝国主义戕害的国家及人民产生连带感。诚然，这一"受害者意识"本身包含某种隐患，也在日后发生了变形或遭到恶用，但仍应与小熊英二在此处论述的丸山真男及其稍后一代的日本知识分子所怀有的"受害者意识"分开看待。——译者注

❸　本书中的"主体性"一词不代表认识的主观性和实存性，而是特指基于一种自觉的认识与建立在此之上的实践和行为的关系。

"近代主义"的同义词被发明出来。然而，这一"战后"概念本身，恐怕不仅未经充分讨论，甚至充满错误。小熊英二批判了基于这一误用的"战后观"的"战后评价"，同时呼吁重新命名日本战后知识分子所共同面对的、可被称为"无名之物"的那个对象。

> 要创造适应新时代的词语，必须在注意区分表面意思之间的差异的前提下，理解战后思想通过"民主"与"爱国"这些"民族主义"词语所要表达的"无名之物"，并不断以适用于新时代的形式对其解读。只有做到这一点，才有可能真正摆脱"战后"的束缚。❶

然而，应当如何命名"无名之物"？加藤周一至今已长眠十年有余。笔者认为，在他所留下的文章和语言正逐渐被大众淡忘的当下，加藤周一遭遇并深入思考的苦难，仍值得我们思考。现在，要更好地确认当下时代的历史位置，就应该回顾在 20 世纪 50 年代对"杂交种文化"做出划时代分析的日本战后知识分子即加藤周一所处的时代，重新认识加藤周一与同时代日本知识分子的思考原点。这就是为什么有必要在今天重提加藤周一之思想射程的原因。

---

❶ 小熊英二『〈民主〉と〈愛国〉：戰後日本のナショナリズムと公共性』、新曜社、2002 年、第 829 頁。

二 位于日本思想史"外沿"的加藤周一

加藤周一与其著作得到来自不同领域的许多学者的研究，最早可追溯到其最初著述问世的翌年、由荒正人于 1947 年发表于《近代文学》的论文，最近的则包括鹫巢力于 2018 年的近作❶。另外，与加藤周一同时代以及稍晚出现的竹内好、吉本隆明、鹤见俊辅、大江健三郎、柄谷行人等也曾不惜笔墨地谈论他。然而，加藤周一的思想几乎总被置于日本思想史的"外沿"加以考量。尽管他与友人，即日本思想家丸山真男共同探索战后日本的道路，但他却以一介评论家之躯，从思想史外部眺望思想史。于是，加藤周一通常被看作日本思想史的"局外人"，并遭到这个框架的拒绝。这恐怕是因为他向来以包容的眼光看待日本文学史和思想史的缘故。加藤周一试图描画日本文学史和思想史中的种种具体事象——由文学踏入思想的边界，从思想史外部观察思想史，往复于二者之间，令其相互定义。在他看来，日本文学并非学科化意义的文学，甚至承担了为思想代言的功能，所以不能从思想中割离出来单独对待。在某种意义上，这是加藤周一基于日本的现实，对明治时代直至当下日本从西方舶来的那套学问体系的怀疑和大胆批判。然而，加藤周一的问题意识与论述范围又总在日本思想史之中。

对时常与思想史保持距离的加藤周一来说，这个距离是客观

---

❶ 鹫巢力『加藤周一はいかにして「加藤周一」となったか：「羊の歌」を読みなおす』、岩波書店、2018 年。

且准确地把握对象物所必需的东西。加藤周一不仅对把握事物的总体性展现出强烈的意志，同时重视其与个别具体事象的并行关系。关于这一部分，笔者将在下文详细论述。总结性地说，加藤周一思想中最具代表性的大作《日本文学史序说》，便是从思想史外部以文学史的视角尝试对思想史做出解释。换言之，此前在日本文学史研究中尚未明确的文学与思想的关系性，在加藤周一的文本中成为明确的研究对象。人类历史永远风云激荡，在未来的人类社会，或许充斥着如今的我们无法设想的激变。正如地质学概念"人类世"（Anthropocene）讨论的环境问题，在新型冠状病毒肺炎带来的世界规模的危机中，无论是在倡导"人类命运共同体"的我国，还是在民主危机日益凸显的欧洲国家，抑或是在试图调整自身在国际经济秩序中所扮演角色的美国——处于全球大变局风口浪尖的我们，无不面临这一思想与视点的转变。

根据笔者有限的阅读，或许在迄今为止关于加藤周一的诸多研究中，还鲜见明确阐释其思想本质性和具体性的论述。不过也有部分研究成果暗示了加藤周一思想在当下的时代可能性。例如，海老坂武深入研究了加藤周一卷帙浩繁的著述，指出《日本文学史序说》的最主要特征是对"日本性"的探求，而加藤周一为此选定的坐标是"时间"与"空间"。❶ 海老坂武进一步比较了加藤周一与丸山真男，思考二人学问到达的"精神开国"的可能性，并将二人提出的问题比作"一系列探究的红线"❷ 加以分析。尽管海老坂武在此将"红线"看作一个精神层面的意

---

❶ 海老坂武『加藤周一：二十世紀を問う』、岩波書店、2013 年。

❷ 同上，第 204 页。

象，却未对其展开具体分析。

鹫巢力入职平凡社后一度担任林达夫的责任编辑，其后参与了《加藤周一著作集》的编辑工作，与加藤周一拥有多年的交情。他不仅熟读加藤周一的文章，也深知其为人。在鹫巢力看来，加藤周一往往被世间看作具有"早熟""理智""理性主义思考""科学化思考""崇尚西化""去政治化的态度"等特点，这些认识虽非谬误，但过于片面。因为加藤周一是"理性者中的感性者"，是"正如这般，同时拥有截然相反的两面性，因而不将其两面性分开理解"❶ 便无法把握之人。鹫巢力认为，对加藤周一而言，知性分为两种：一种是感觉性的经验，这一经验构成了大多日常生活所必要的知识；另一种才是格物致知或所谓逻辑实证主义的知识。此外，在加藤周一列出的关于自身立场的"语言"、"知识"、"信念"、"政治"和"美"五个关键词中，鹫巢力认为，"美"甚至具有与前四者的总价相抗衡的能量。这不是说"美"的价值凌驾于前四者之上，而是可以与之相互制衡。鹫巢力在此指出了价值相对主义所发挥的作用。不过这一相对性并非共时意义上的，而是历时意义上的，是一种在历史条件下的相对性。另外，菅野昭正也曾论及加藤周一思想中的"美"。菅野昭正将加藤周一在《日本文学史序说》和《日本艺术的心与形》中采取的思考方法描述为"围绕美的精神的往复运动"，并且指出这一"围绕美的精神的往复运动，兼备某种严谨性和灵活性"❷。这一描述，也意味着对加藤周一思想中的"美"做出具

---

❶ 鷲巢力『「加藤周一」という生き方』、筑摩書房、2012 年、第 10 頁。

❷ 菅野昭正編『知の巨匠　加藤周一』、岩波書店、2011 年、第 16 頁。

体分析并非易事。

成田龙一认为，加藤周一对"日本性"的考察属于日本文化论或身份认同理论。他指出，加藤周一文本中往往以不言自明为前提出现的"日本"概念，在不同语境中其实具备不同含义，其暧昧性致使许多论者将加藤周一的日本论与赞美日本特殊性的民族主义联系起来。对此，成田龙一进一步指出，在当下这个全球化的语境中，"加藤一边主张与特殊性关联的特征，一边时刻保持与普遍性之间的张力，不将'日本'概念绝对化或过度同质化，这一姿态和思考本身就极具现实意义"。❶ 换言之，加藤周一在"与普遍性的紧张关系中探索'日本性'"，拒绝"将自身框定在对单一坐标轴的考察中"，时刻"警惕定式"。❷ 成田龙一所谓的"坐标轴"，既是加藤周一的坐标轴，也是当代日本人的坐标轴，它意味着在全球化时代的普遍性中谋求生存的日本人自身与普遍性之间的紧张关系。可以认为，这个"坐标轴"正是"日本性"。

此外，成田龙一还看到加藤周一与那些将自身主张模式化、将自身立场固定化的知识分子之间的区别，指出加藤周一是"一种动态知识分子，不断根据状况诘问自己所处的位置，调整自身所在的立场"❸。尽管作为日本战后知识分子的加藤周一主导并实践了"战后"理念，但那并非在后来被定式化的那个"战后"理念。相反，"杂交种文化论"在加藤周一的思想与其之前的思

---

❶　成田龍一「加藤周一の日本：『日本文学史序説』まで」、『現代思想』（臨増）2009 年 7 月号、第 157 頁。

❷　同上，第 146 頁。

❸　成田龍一『加藤周一を記憶する』、講談社、2015 年、第 440 頁。

想之间实现了"跨栏"。换言之,"杂交种文化论"可看作是一种改变旧有思想方法的划时代理论。"现在的我们急需一种有别于战后式思考的思考方式。"❶ 那么,成田龙一指出的加藤周一的"非固定的""战后""坐标轴"分别具体指代什么,包含怎样的可能性,这些都是笔者在后文将讨论的问题。

另外,我国对丸山真男的研究已积累了一些成果,但正式的加藤周一研究尚未形成规模。加藤周一生前曾多次访问中国,在各处演讲,与很多中国学者有过交流,《中国青年报》❷ 也曾刊载过与其相关的文章。然而据笔者所知,国内至今尚未出现针对加藤周一的系统化、深入性研究。

2009 年,日本重要的思想杂志《现代思想》刊行了加藤周一总特辑。同年,学者孙歌也出版了她的中文著述《文学的位置》❸。该书重点讨论了东亚思想的种种问题,并在丸山真男的章节简略提及加藤周一的《日本文学史序说》。孙歌将《日本文学史序说》看作一次大胆的尝试,指出其突破了一种认为日本文学无关思想的假设,承认了文学在思想层面和意识形态层面发挥的功能,同时冲击了竭力主张"日本特殊论"的"国文学"(日本文学)研究领域。加藤周一将历来被日本"国文学"排除在外的探讨思想家的问题,正式引入文学领域加以研究,这一点得到了孙歌的肯定。然而孙歌同时指出,日本的文学研究界并未因加藤周一的一己之力而变得更为开放。孙歌注意到,丸山真男对

---

❶ 成田龍一『加藤周一を記憶する』、講談社、2015 年、第 446 – 447 頁。

❷ 包丽敏:《日本良心的抗争》,《中国青年报》2005 年 4 月 6 日,http://zqb. cyol. com/content/2005 – 04/06/content_1063553. htm,访问日期:2022 年 9 月 1 日。

❸ 孙歌:《文学的位置》,山东教育出版社,2009 年。

加藤周一的高度评价，展现了《日本文学史序说》中历史构成的观念论面相。换言之，孙歌指出书中"作家—作品"的分析结构具有某种"观念史变迁"的意味，但并未对其展开具体分析。

最近几年与加藤周一相关的出版物，在日本有鹫巢力于2018 年出版的著作《加藤周一何以成为"加藤周一"：重读〈羊之歌〉》；在我国有 2018 年出版的加藤周一选集《日本人的皮囊》❶、2019 年出版的加藤周一自传《羊之歌：我的回想》❷ 等，而后者使得加藤周一再度进入中国读者的视野。

以上便是迄今为止关于加藤周一研究的大致状况。本书将在这些研究的基础上，对加藤周一思想的本质和具体性做出更加清晰的整理。

三 加藤周一"例外"思想的架构

总体而言，将加藤周一的思想系统化并发现其特殊性的专著并不多见。本书试图回答一个问题，即在一个将"战后"和"现代性"问题化并尝试超越这一逻辑的知识大潮中，加藤周一的"例外"思想具有何种独特性，对一系列日本战后社会的课题具有何种启示。具体来说，笔者试图明确加藤周一"杂交种文化论"和"本土世界观"的含义以及二者之间的关系，阐明加藤周一的思想架构如何历时性地体现了"杂交种文化论"与

❶ 加藤周一：《日本人的皮囊》，李友敏译，新星出版社，2018 年。
❷ 加藤周一：《羊之歌：我的回想》，翁家慧译，北京出版社，2019 年。

"本土世界观"、"个别"与"整体"、"特殊"与"普遍"、"例外思想"与"主流思想"这些概念的相互关联与相互作用。进而，鉴于加藤周一思想对当代日本社会的全新意义，笔者提议应当重新认识加藤周一这位通常被置于思想史外部的评论家的思想纳入日本思想史，作为日本战后思想史的一部分看待。

为此，本书将不仅考察加藤周一，也对加藤周一周围的知识分子，尤其是竹内好和丸山真男，在对他们的比较中，具体阐述加藤周一思想的独特性。换言之，《日本文学史序说》中概念化、具象化的"本土世界观"在加藤周一的思想中占据怎样的位置，"本土世界观"与被整个战后日本社会共享的普遍价值观所生产的同时代知识话语，具有怎样的关系，这些都是本书的课题。笔者将分析与加藤周一思想"对立"的丸山真男和竹内好的思想概念，包括稍早于"本土世界观"问世的丸山真男的"古层论"等，同时涉及其他观照"传统"概念的现代思想。对于怀抱相同目标却走上相反道路的加藤周一和竹内好，笔者将以丸山真男为衔接，通过着重分析二人的对话，考察其精神世界中对立与统一、矛盾与合流等诸关系的可能性，并在对以上种种富含主体性的思想解析中，探索加藤周一思想的独到之处。这一独到之处，作为联通"本土世界观"意义的线索之一，既有助于明确日本战后知识分子思想的本质相关性，也能将加藤周一准确地纳入日本战后思想史的整体之中。

以下是本书的大体构成。首先，笔者将在"现代东亚"的背景下，从日本战后知识分子的问题意识出发，探究"现代日本"对于20世纪前二十年出生的日本知识分子意味着什么。这一部分将主要涉及竹内好与加藤周一，以及他们的好友——稍长于二人的丸山真男，并以丸山真男为对照，明确日本战后知识分子共通的问题意识。于是，有必要先考察竹内好与加藤周一思想上所谓的"对立"关系及其背景。因为，由此二人牵引出的思想世界，并不如被冠以"知识巨人"之称号的丸山真男那样具备一个清晰的视域，相反，它充斥着诸如"作为方法的亚洲"（竹内好）、"本土世界观"（加藤周一）等暧昧的表达。这也是竹内好和加藤周一的思想本质难以得到明确把握的原因。其中，加藤周一主张日本的传统乃是对外来精神的彻底理解，竹内好则将此过程看作"绝对他力"，并宣称要贯彻与此完全相反的"绝对自力"的道路。❶ 在这一点上，加藤周一与竹内好的思想通常被看作"对极"。与此相对，加藤周一与友人丸山真男则通常互为辅助，解读并阐释彼此的精神世界。只不过，二人的思想既有重叠的面相，也有根本相异的面相，同样的关系也存在于作为加藤周一思想"对极"的竹内好与加藤周一的友人丸山真男之间。

其次，笔者将从"杂交种文化论"出发，主要考察加藤周一如何在《日本文学史序说》中逐步建构他的"本土世界观"。"本土式"可被看作"杂交种文化论"的解释性概念，笔者将通过明确其含义，回顾加藤周一的思想。加藤周一在《日本文学史序说》中以"集团主义""现在主义""现世主义"等特征作为"本土世界观"的思想底色，同时建构关于"例外"和"系列"的语境。他不仅考察了《万叶集》时代的遣唐使歌人"山上忆

---

❶　以上是对二人在 1948 年召开的座谈会"探索战后文学的方法"中发言的总结。参阅《综合文化》1948 年 2 月号。

良型"❶（以下简称"忆良型"）知识分子这一代表日本本土思想原点和理想的知识分子形象，也提炼出一系列"例外"的文本，考察其与"系列"的相关性和复杂的关系性，展示出"例外的自我"与"本土世界观"之间可能存在的联动关系。

最后，本书将通过对比竹内好和丸山真男的思想，具体考察他们与加藤周一思想的异同。另外，笔者将具体阐述竹内好和丸山真男在其思想形成中，通过相互对话产生的思想流变及其背后的本质，重新解读二人在向不同方向延伸的思想轴上的交集与互补的部分。在笔者看来，加藤周一间接继承了竹内好的"亚洲"和"特殊性"的问题意识，将竹内好从"个别"与"特殊"的思想中提炼出的"否定"精神，归结于某种使得被动主体性得以发挥的日本的"本土性"，并将丸山真男的"主体"与"普遍"的思想解释为拒绝屈服于历史时代和风潮的"例外"与"孤高"的精神。笔者尝试通过这种解读，向读者展现加藤周一思想体系的架构，即日本文化的"特殊（个别）⇔普遍（整体）"的时空性结构。

本书的研究对象加藤周一是一位横跨多个领域的思想家、文学评论家。他在代表作《日本文学史序说》中明确指出，日本文学兼具日本哲学的功能，因此笔者难以将他的思想按照文学研究或西洋哲学等单一的传统方式还原和分析。为保持加藤周一这种跨学科知识分子的思想特征，笔者将不拘泥于学科意义上西方哲学或日本文学的研究方法，在此恳请得到读者理解。

---

❶ 山上忆良（660—733），奈良时代初期贵族、歌人。702 年，他作为遣唐使在大唐研究儒学和佛法。——译者注

第一章

"现代"概念与日本战后知识分子

近代以来,对包括日本在内的亚洲国家而言,"现代化"意味着对西方文明的冲击和重压的反应。"现代"概念来自西方,而作为亚洲诸国中率先对其进行实践的国家,日本是"现代"概念在亚洲,或至少在东亚的一个具体表象。同时,日本承担了传播"现代"逻辑的中介功能。日本现代化发展的结果,一方面使得"现代日本"在远东变得极为突出;另一方面,"日本的现代"也可看作是现代化进程中的一个典型。东亚其他国家,如中国和韩国,背负着各自悠久的历史传统,承受着来自外界的巨大压力,艰难地实现了迥然不同的、属于自己的现代化。在此过程中,这些不同的"现代化"主体无一不持续关注着"日本现代"的存在。

正如刘建辉所言,事实上,日本的"现代"与中国的"现代"在同一框架下展开,我们无法完全去除一方的要素去讨论另一方。❶ 然而遗憾的是,无意识地纯化自身的现代进程,或有意排除另一方的存在,虚构一种他者不在现场的叙述策略,并不少见。不过近年来,中日两国学界都出现一些研究,试图超越民族国家的边界,整理东亚共享的问题,并尝试找出解答。

中国自清末以来,积累了诸多成果,也经历了各种失败的"现代化"。不过随着"四个现代化"任务的提出和1978年的改革开放,"中国的现代"被重新启动。2018年是日本明治维新一百五十周年。中国改革开放后的四十年,正是中国现代化的重要阶段,也收获了自己独特的成功。笔者出生于1978年,属于在

---

❶ 劉建輝『日中二百年:支え合う近代』、武田ランダムハウスジャパン、2012年。

中国改革开放现代化中成长起来的一代人。

对生活在"中国的现代",思考于日本土地的笔者而言,在某种意义上,很能体会日本战后知识分子是如何被"日本的现代"的本质这一命题所困。"日本的现代"贯穿着对"过去"的内省和反省。其中,既有共时性地把握"过去",从对"过去"根本的否定中出发的面相;也有历时性地眺望"过去",扬弃"过去",从中发现新的道路的面相。无论是对来自外部重压的承受,还是对这一压力偶尔开展的努力反弹,无不体现了一种"反抗"的特征。尤其在日本战后社会,内省与反抗两种旋律相互交织,相继占据主导地位的图景十分鲜明。在目前我国进行的关于"中国的现代"的讨论中,常见的观点是,如何回避日本过去的失败经验,学习成功的那一部分。然而在笔者看来,正确理解"日本战后知识分子对现代的反省",才是决定研究成败的关键。也是在此意义上,考察以加藤周一等为代表的日本战后知识分子如何理解"现代"概念十分必要。

一　传统与现代之间

明治维新以后,日本加快了现代化进程,实现了经济的飞速发展。明治维新不但是一个从西方国家摄取现代社会制度和科学技术,或谓使明治人的精神结构变得外向的过程,也是一个重新评估、重新构建日本传统哲学和思想的契机。日本的传统哲学和思想,就是迄今日本人的精神和文化的内核。例如,福泽谕吉批判了作为儒家文化底色之一的"尚古"思维,认为日本思想只有从儒学的束缚中解放出来,才能走上文明开化的道路。只不过，尽管福泽谕吉谴责了儒学与统治阶级的粘连，批判了由此带来的学术垄断，甚至在《文明论概略》中宣称：造成了一种社会停滞不前的因素，这可以说是儒学的罪过。但他也无法否认儒学曾不断给巨变时期的日本输送过道德、教养以及价值观上的养分。

本来明治维新之前，日本思想的核心就是"朱子学"——在佛学和道学的触发下，对南宋朱熹思想的体系化。正是这一在日本获得了独特阐发和进化的儒学思想及其派生的诸种学派支撑了明治维新，提供了维新成果赖以生存的社会精神基盘，时至今日仍是一条坚韧的思想纽带。在此意义上，日本儒学经历了江户的发展期，经历了明治时代，不仅构成日本的传统价值观，而且在明治时代以后与流入日本的西方思想一起，在日本现代思想的形成和发展中起着重要作用。反过来说，综观日本儒学发展史，不得不认为日本儒学与西方文化之间存在一种辩证关系，即二者并非总呈现对立、冲突的紧张关系，也有融合、统一的面相。再来看看与日本同属东亚的中国。如果说过去的中国是一个融合了各种学派和宗教的信仰共同体，那么其核心就是舶来宗教佛教、本土宗教道教，以及作为统治理念在数千年历史长河中逐渐得到稳固和精炼的儒教。

如今日本人面临的最大的思想课题，无疑是重新审视他们自己与包括马克思主义等西方哲学和传统思想之间的关系，在提炼出必要元素的基础上，重新构筑明治以后日本儒学面临的"与现代化的辩证关系"。这就是本书构思的出发点和基本问题意识。在经历"失去的二十年"，又遭受2011年"三一一"东日本大地震这一极为罕见的自然灾害后，在今天的日本社会随处可见一种言论，即日本再度陷入明治时代结束时那种"性命攸关"的危机之中。当年福泽谕吉在激荡的明治时代高唱的并多多少少得以延续的"脱亚入欧"论，如今正在某种程度上被一种"脱美入亚"❶论替代。这意味着延续至今的"日本现代"终于成为"过去"，与此同时，对这场"过去"的反省和清算开始了。所以，在此刻重新检视由日本战后知识分子整理和建构的"日本的知性"，不仅对当下的日本，也对包括中国在内的其他国家有着十分现实的意义。

在笔者看来，日本的"现代"逻辑贯穿着对"过去"的内省和反省，其大体可以分为三个阶段。❷第一阶段是明治维新时以福泽谕吉为代表的"脱亚入欧"论。第二阶段是"二战"之后的"非战"论。它来自联合国军最高司令官总司令部（General Headquarters, Supreme Commander of the Allied Powers）占领下的日本，是一种试图将自身内化进欧美逻辑时所产生的一种自我否定，或谓自我抵抗。第三阶段则是对诸如"五五年体制"的日本战后官方体制的脱离，或对"脱美入亚"等将过往意识形态相对化的所谓"现代性"的重新认识。日本战后知识分子对第三阶段的态度，又分别以竹内好、丸山真男和加藤周一所代表的立场分为三种类型：竹内好代表一种从东方和中国出发的否定态度；丸山真男代表一种从西式立场出发的否定态度；加藤周一则代表一种扬弃的态度，即试图从西方立场出发回访日本的"过

---

❶ 中岛岳志『アジア主義：西郷隆盛から石原莞爾へ』、潮出版社、2017年、第15页。

❷ 关于这一点，笔者在第二十四届世界哲学大会（2018年8月，北京）的圆桌会议中展开过详细论述。

去",通过对"过去"的历史化,找出未来的去路。三位日本知识分子当时既承受着来自日本在国际社会中所处位置的压力,同时承受着源于日本国内诸种状况的压力。从他们试图摆脱压力的努力中,不难读到其中蕴含了一种"反抗"的特征。于是,上文提到的内省和反省与这种反抗如同两种相互交织的旋律,而其成为主旋律的倾向也越发鲜明。

为了探索"现代"的原点,也为了观察和破译"日本"深层的"中国元素",加藤周一与竹内好、丸山真男身处同一战壕,在精神层面彼此携手,向倾泻在不同"自我"身上的那个"现代"宣战。这些日本战后知识分子从西方、中国与日本历史上的"思想斗士"那里,寻求自己应当返回的原点。今天的我们同样需要这种重返,而理解这些日本知识分子,有助于我们把握亚洲问题中关联着现代性的诸种面相。沿着他们的知识轨迹,我们将可能找到对当代日本乃至对世界性课题有所启示的建设性意义。

二　日本的现代

明治日本的现代化与文明化是对文明本质的探索。如松永昌三所言,日本现代化的要素,是试图在亚洲实施西欧各国现代化模板的一种"新实验"。

所谓明治政府与自由民权论者之间的对立,不是针对是否应该建设一个现代国家的对立,而是围绕应当建立拥有怎样性格的现代化国家的问题的对立。即便我们知道文明化,但通过什么理解文明的本质，这个问题因人而异。现代国家的形式多种多样，即便我们知道西欧文明，对其的理解也是千人千面。再者，即便有一个西欧文明的模板，要将这一使得现代国家诞生、现代文明发展的西欧样式，在拥有与其截然不同的历史传统的亚洲得以实施和发展，无疑也是一种新实验。❶

所谓的"新实验"，自然是指在"拥有与其截然不同的历史传统的亚洲"实践多种多样的现代国家形式的实验。如果说对明治政府而言，西方的现代化始终是东方的典范，那么最大的问题就是，如何在亚洲这片异质的土地上率先实施这种文明。一度影响过丸山真男的英国经济历史学派学者沃尔特·白芝浩（Walter Bagehot，1826—1877）在《物理学和政治学》一书中论及"现代"概念，并将"基于讨论的统治"视为中心概念，将"贸易"和"殖民地化"视为分支概念。换言之，在白芝浩那里，"讨论"是形成"现代"的关键要素。不用说，"讨论"需要"自我"与"他者"的意见交换。对此，松本三之介将现代日本与社会进化论联系起来，指出"利己"与"他者"应当并存。

在社会进化论的观点中，上述知性思考能力应当表现为如下认识：既然个人存在于与多数他人共同生活的社会空间中，为实现生命幸福的"利己"目标，首先需要考虑该目标如何与社会中同样作为个体的他者和同样持有这一目标的人共存，一切行动都将基于这一考量。换言之，这种知性思

---

❶ 松永昌三『福沢諭吉と中江兆民』、中央公論新社、2001 年、第 15 頁。

考的能力要求个人冷静地观察他者的存在，要求具备一种理解他者自我主张的感觉，同时要求人们能够想象一种情况，即如果欠缺上述感觉和理解，不仅无法实现自身的"利己"，整个社会也将沦为一个基于自我中心主张的物理力量竞技场，最终陷入强者支配的逻辑，人们将为此付出巨大代价。无论如何，人类的知性只有兼备了上述思考能力，才可能期待在社会生活的方方面面发现一种"利己"的存在方式。它使得个人的"利己"与他者或整个社会（或国家）能够共存。❶

在松本三之介看来，"利己"是个人的、自我的主体性欲望和行动，而"对他者的感觉"是实现这一"利己"不可或缺的重要的"知性思考能力"。当时的日本与西方社会一样，探索了"自我"与他者得以共存的方法。

关于现代日本的这种强烈意识，子安宣邦在《汉字论：不可回避的他者》中从"汉字接受"的观点出发，指出日本对自身文化和自身语言的意识形成于对作为他者的汉字的抵抗与排斥。子安宣邦进一步分析，"如果说对异质性他者的排他性反抗形成了现代的自我，那么当代日本的批判性分析的视点，就是将这一现代的自我作为另一个自我，作为一个潜在自我意识的重新建构"，而这一对日本的自我的"批判性再建构"，就是"日本精神分析的视点"。❷ 并且，由这一立场构成的日本文化论，是一

---

❶ 松本三之介「まえがき」、『「利己」と他者のはざまで：近代日本における社会進化思想』、以文社、2017 年、第 7 頁。

❷ 子安宣邦『漢字論：不可避の他者』、岩波書店、2003 年、第 230－232 頁。

种"与丸山真男所提倡的历史意识古层论同样的、被封闭在内部的回响"❶。

事实上，不仅有丸山真男的"古层论"，许多日本战后知识分子都将日本的"现代"与西方的"现代"做过比较，他们在对比中持续探索出一条定位了日本的"自我"与日本问题的道路。1942 年，也就是太平洋战争爆发的翌年，在日本举办了一场在日后以"为战争提供知识合法性"而臭名昭著的座谈会——"近代的超克"❷。参与这场座谈会的，有以西谷启治等为代表的十三名日本知识精英。"近代的超克"口号中的"近代"，指压迫着当时日本和整个亚洲的英美诸国的"现代"。正如子安宣邦所言，"对英美国家开战意味着日本人以'现代'之名将自己对历史真理感到忧郁的原因对象化，让超越'现代'的言论变得可能。"❸

另外，丸山真男高度赞赏了竹内好"对他者的感觉"，认为竹内好的思考与自己不谋而合。丸山真男说道：

> 所以，一身之独立方有一国之独立，至少对于这一点，我与好先生的看法完全一致。我们的工作领域不同，思考方式也有出入，很多情况无法一言以蔽之，但即便对于分歧最大的民族主义问题，我觉得我们实际上也是从同一块奖牌的

---

❶　子安宣邦『漢字論：不可避の他者』、岩波書店、2003 年、第 230–232 頁。

❷　一般而言，日文的"近代"在时期上对应中文的"现代"，日文的"现代"在时期和语感上则对应中文的"当代"。本书译文在大多数场合将这两个词置换为符合中文习惯的表达，而只对诸如"近代的超克"（意为"对现代的超越和克服"）等在中国学界已为人熟知的固定短语保留原文，不另做处理。——译者注

❸　子安宣邦『「近代の超克」とは何か』、青木社、2008 年、第 30 頁。

两面发起进攻。甚至可以说，他虽然平时如此反对欧洲、高唱亚洲主义，但对欧洲的个人主义和自由主义中最好的那个部分，不仅心里清楚，也是真正的实践者。这是多么不可思议！毕竟，在激进思想家中，不管左派右派，通常最缺的就是那种自由主义式的——我不是说"民主式"的——对他者的感觉。❶

在一般分析中，竹内好和丸山真男的思考往往被认为处于截然不同的位置。不过，即便二人在某一时期曾有过深刻的对立，最后仍转向共鸣，甚至交融在一起。进一步说，二人的知识性工作来自对这种情况的警惕，即日本甚至整个"东洋"，在西方这一"外侧"的重压下放弃发出自己的声音，进而柔顺地自我改变。二人在拒绝随波逐流、时刻要求某种形式的"抵抗"的问题上达成了一致。于是可以说，正因为一开始存在根本的共鸣，才引发了二人思想的共振，最终实现了交会。加藤周一与他们年龄相仿，并终生与他们保持紧密的知识友谊。如果说竹内好是从"东洋"的"一种特殊性"出发，丸山真男是以"西方"的"另一特殊性"为目标，那么加藤周一便介于二人之间，试图将"特殊"与"普遍"、"日本"与"外来思想"这些对立概念整合为系统性的图示。对此，笔者将在稍后的章节作出详细考察。

---

❶ 丸山真男「好さんとのつきあい」、『追悼 竹内好』、鲁迅友の会、1978年、第241頁。

三　三位生于20世纪前二十年的日本知识分子

作为出生于20世纪前二十年的日本知识分子，加藤周一（1919—2008）与同时代的竹内好（1910—1977）和丸山真男（1914—1996）一起，以各自的方式反思日本的过去，又对日本的未来怀抱各自的理想，他们都是对战后日本社会产生巨大影响的人。

（一）加藤周一与竹内好

加藤周一虽生于1919年，但建立了一个思考生于20世纪初及稍前、后来活跃于战后的日本知识分子的坐标轴。他在《日本文学史序说》中将林达夫（1896—1984）、石川淳（1899—1987）和小林秀雄（1902—1983）比喻为日本战后知识分子最后的三个坐标。加藤周一总结道：

> 第一次世界大战后，在"大正教养主义"和马克思主义的潮流中送走了二十来岁的青年时期，在军国主义和太平洋战争的年代里，一边度过壮年期，一边抵抗潮流，拒绝顺从大势，一贯彻底地站在自己的立场上——他们是林达夫（1896—　），石川淳（1899—　）和小林秀雄（1902—　）。他们不仅没有于时代随波逐流，反而更深刻地代表了时代。❶

---

❶　加藤周一『日本文学史序説　下』、筑摩書房、1980年、第479頁。

在加藤周一看来，三人的共同点是不随波逐流。林达夫和石川淳虽不是马克思主义者，但在绝不向天皇法西斯主义低头的问题上，比当时日本的大多数马克思主义者的态度更加坚决。小林秀雄则将非历史主义的立场作为马克思主义的对立面，试图将其归于日本传统文化。三人都是时代的"例外"，但因此更能代表时代。❶"例外"是加藤周一的常用词，它不仅如字面那样，意味着不属于社会主流或拒绝从属于社会主流的"个别"的人、事、物，也指向能够牵引社会和时代潮流的"个别"的人、事、物。对于这一用语的意义，笔者将在后文详述。

加藤周一为《日本文学史序说》设定了内在的坐标轴，而关于其上始终内化的起始坐标，则可以追溯到《万叶集》时代的山上忆良。于是，加藤周一将具有这种特性的知识分子称为"忆良型"知识分子。对于这一知识分子形象的考察，笔者将留到稍后的章节展开。《日本文学史序说》以林达夫、石川淳和小林秀雄三人作为收尾，并未提及他们之后的学者。一方面是因为加藤周一无意对自己同时代的知识分子做过多评判，另一方面是因为他更难以对同样作为当事人的自己做出评价。另外，加藤周一在自我评价时将自己定义为左派。与此相对，竹内好作为日本浪漫派，则通常在与"近代的超克"等问题的千丝万缕的联系中被定义为"右派"。

竹内好生于京都，从东京帝国大学（现东京大学）中国哲

---

❶　加藤周一『日本文学史序説　下』、筑摩書房、1980 年、第 479 頁。

此处的"例外"是笔者的表达，并非加藤周一在引用中所使用的词语。换言之，加藤周一并不是在所有类似的情况下都直接使用"例外"一词。只不过根据他的行文很容易推测，所有"拒绝顺从大势"的语境均意味其对"例外"的思考。

学文学科毕业后，作为中国文学研究者和日本文学评论家，活跃于日本思想界。竹内好至少有四次在中国逗留的经历，分别是1932年大学期间赴北京留学，1935年到1937年作为《中国文学月报》杂志的编辑赴任，1942年作为"回教圈研究所"研究员赴现场调查，以及1944年开始以日军军人身份驻扎湖南。1944年，竹内好写成思想传记《鲁迅》，其研究后来被冠以"竹内鲁迅"的称号。可以认为，鲁迅是竹内好思想的出发点，鲁迅影响了竹内好的一生。1970年，步入晚年的竹内好开始了《鲁迅全集》的翻译工作。直至1973年癌症发作期间，这一工作也从未间断。竹内好将鲁迅的"否定"和"抵抗"精神与自身重叠。加藤周一在谈及竹内好对现代化的理解时，曾做出如下说明：

> 不同于日本对西欧文化的接受方式，竹内好区分出一种中国模式的现代化。所谓中国模式，指由于旧体制的统治阶级拒绝以西欧为模板实施现代化，形成了一种自下而上的现代化革命（一种破坏主人和奴隶关系模式的方向）。在所谓日本模式中，由于统治阶级以西欧为模板逐步实施了西欧的现代化（奴隶往主人的方向爬升），令自下而上的革命性运动衰弱，造成了日本的现代化停留在不彻底的状态。这种现代化的不彻底性，体现在日本的文化与思想中。竹内好认为，中国文化属于"回心型"，即通过与外国文化的对决和抵抗的过程，朝向根本性的自我变革。日本文化则属于"转向型"，即放弃对决和抵抗，通过不断重复吸收外来新思想的过程实现变化——这不是根本的自我变革。对日本而言，新事物不是在超越旧事物的过程中被创造出来的，而是外来

之物，这里面就没有能动的发展。❶

竹内好认为，日本由于没有破坏封建的主人和奴隶"关系"的革命，所以日本的现代化是不彻底的。加藤周一在此援引日本文化的"转向型"概念，指出日本不属于"能动的"发展，而是在被动中谋求变化。

针对加藤周一与竹内好的立场，鹤见俊辅认为，竹内好将加藤周一研究西方文学的方法置于自身的对立面，是为了进一步明确自己研究鲁迅的方法。❷ 加藤周一曾做出如下发言：

> 要理解西欧精神，没有什么比直接（以西欧的语言）说话和写日记更好的方法了。如若不然，我们就无法彻底读懂西欧精神。这种理解方式在明治以后的日本已经衰落，但在奈良时代、平安时代和江户时代却存在，甚至可以说屡见不鲜。我反倒认为这是日本作家的伟大传统。❸

对上述加藤周一的发言，竹内好回应道：

> 加藤的发言，作为判断，我全面赞成；但作为行动纲领，我无法认同。我以绝对自力反对加藤的绝对他力。我承认加藤逻辑的正确性，却不允许自己跟从这种逻辑。我要与加藤怀抱相同目标，走上相反的道路。你们恐怕要说，这太胡闹了，能做到吗？做得到或做不到，要做一做才知道。无

---

❶ 加藤周一「竹内好再考」、『現代思想』（臨増）2009 年 7 月号、第 65 頁。（『朝日新聞』1977 年 3 月 24 日、25 日）

❷ 鶴見俊輔「竹内好の文体」、『思想の科学』1978 年 5 月号。

❸ 加藤周一「戦後文学の方法を索めて」、『総合文化』1948 年 2 月号、第 6 頁。

论如何，我都会坚持下去。❶

加藤周一认为，对外来精神的全面理解和活用正是日本的传统。竹内好则将其视作"绝对他力"，并决意走上与此截然相反的"绝对自力"的道路。在这里，与加藤周一拥有"相同目标"的竹内好执意要走上的"相反的道路"，具体指的是什么呢？在竹内好去世后，根据加藤周一的解释，这里指的是希望日本做出"根本性改变"，"实现能动的发展"。❷

上述与竹内好的对话发生于 1948 年，彼时的加藤周一还未发表关于"杂交种文化"的议论。在通常的看法中，那时的加藤周一并不把日本自身或其他亚洲诸国放在眼里，主张能够作为日本参照物的只有西方。实际上，加藤周一并不是西方中心主义意义上的"绝对他力"主义者。一方面，在后来问世的《日本文学史序说》中很容易发现，加藤周一重视的"外来思想"并非只有"西方的精神"，也包括亚洲的思想，尤其是以宋学为代表的中国思想。加藤周一十分关注中国及亚洲其他国家和地区的文化样态是如何对日本产生历史性的影响的，并认为其深刻程度不亚于来自西方思想的影响。《日本文学史序说》正是加藤周一花费十年光景，对上述自身思考框架的整理和总结。

另一方面，竹内好的"绝对自力"概念发端于日本自身的文化与思想，主张在此基础上培养能动思考的能力。他恳切呼吁

---

❶　竹内好「ある挑戦——魯迅研究の方法について」、『新編魯迅雑記』、勁草書房、1976 年、第 134 頁。(『思潮』1945 年 5 月号)

❷　加藤周一「竹内好再考」、『現代思想』（臨増）2009 年 7 月号、第 65 頁。(『朝日新聞』1977 年 3 月 24 日、25 日)

日本人在彼时最了解日本的鲁迅身上，寻找自身思考与行动的原点。对于竹内好呼吁培养能动思考能力的诉求，丸山真男和加藤周一都表示认可，也受到触动。换言之，他们都对培养思考的能动性开展了自己的探索。尽管竹内好宣布"自力更生"，走上与加藤周一相反的道路，但众所周知，在他走上相反道路之前，二人的目标是相同的。竹内好曾在1958年如此评价加藤周一：

> 早年的加藤有种过分的学究气，我明确表示过反感。但从国外回来以后，他的格局完全不同了，知识融入了他的人格，而不是过去那种不接地气、令人反感的知识主义。他恐怕是战后知识分子中为数极少的、从留洋中获益的人。❶

竹内好察觉并赞扬了加藤周一的变化。但加藤周一的变化很可能也来自竹内好的触发，换言之，来自对竹内好"原经验"的继承。加藤周一在1966年评价竹内好思想时说道：

> 竹内好试图通过反对由东京帝国大学的精英所建立的官僚国家，而在鲁迅身上找到他自己。姑且可以说，在这里，有一种我称之为原经验的东西。
>
> ……
>
> 竹内的原经验总与人类的一些特殊境况（例如奴隶状态）相关，这样就很难讨论普遍价值（例如普遍性文明）。竹内从这个经验出发的议论，比起普遍性，更倾向于强调特殊性，同样也不得不陷入一种状况，即对现状的批判往往准

---

❶ 竹内好「加藤周一著『政治と文学』」、『現代思想』（臨増）2009年7月号、第50頁。（『東京新聞』1958年4月16日）

确而尖锐，却说不清未来的目标——但这只是一个最粗糙的解释。毕竟竹内的经验原本就不指向普遍价值，而是在特殊状况中接近人的形象。这里说的特殊，并不意味它对人类没有普遍性意义。恰恰相反，竹内文章的魄力就在于：他清楚地把握了每个人都不可避免地处于特殊状况中的事实，人们无法从那里逃离。人类各自所处的状况的特殊性，恰恰是人类境况的普遍性，甚至就是人类的境况本身。❶

加藤周一一方面指出竹内好的理论从人类的特殊境况的"原经验"出发，另一方面承认这种特殊性恰恰包含了普遍性价值，由此肯定了竹内好"状况的特殊性"的理论动机。加藤周一没有明确提及来自竹内好的影响，但可以发现，他后来的研究范围从早年关注的西方文化领域扩大到"日本追求的自力"，乃至在其背后发挥着影响的中国。《日本文学史序说》正是他这种努力的集大成之作。竹内好和加藤周一怀抱相同问题意识背向而行，如同沿着圆周出发，当他们在某个新的顶点重逢时，想必都将会心一笑，称赞对方的奋斗吧。

所谓传统的日本性，已不限于生活方式，还有价值体系的面相。只不过，价值体系在影响生活方式的同时，也受到来自生活方式的影响。生活方式的变化或多或少伴随着价值的变化。这种变化并非来自西方价值的无条件输入（殖民地文化），而是使得对西方价值的选择性接受（普遍文化）变

---

❶ 加藤周一「竹内好の批評装置」、『現代思想』（臨増）2009 年 7 月号、第 55 頁。（『展望』1966 年 11 月号）

为可能。换言之，它意味着开始揭示西方价值中普遍的部分和特殊的部分的可能性。❶

上述加藤周一的发言，或许能得到竹内好的认同。换言之，正如对竹内好所言的特殊性中的普遍性的首肯，加藤周一在这里否定了西方价值向日本的无条件输入，而主张选择性地接受其中普遍性的部分。加藤周一认为，有必要将"普遍的部分"和"特殊的部分"一分为二看待。

竹内好重视日本和亚洲的特殊性，认为中国通过与传统的诀别这一彻底的否定而获得了新生，那是一条与西欧不同的、崭新的现代化道路。竹内好的现代化以革命为起点，并以此为基准批判日本的道路，在日本呼唤鲁迅精神。在后面的章节，笔者将对他的"否定"和"原点"概念做出详细考察。

（二）加藤周一与丸山真男

丸山真男定义的"现代"与竹内好稍有不同。丸山真男出生于大阪，学生时代曾因参与纪念唯物主义研究会创立的讲演会被误认为学生首领，而遭到举报和逮捕。从东京帝国大学毕业后，他历任助手和副教授，最终成为东京大学教授。丸山真男在"二战"期间发表了《日本政治思想史研究》，战后又发表了《超国家主义的逻辑与心理》（1946）。在《超国家主义的逻辑与心理》中，他分析了天皇制的法西斯主义结构，作为政治学者一举成名。另外，丸山真男也熟知以荻生徂徕（1666—1728）为中

---

❶ 加藤周一「竹内好の批評装置」、『現代思想』（臨増）2009 年 7 月号、第 61 頁。(『展望』1966 年 11 月号)

心的近世儒学，还以关注日本思想的"古层"而闻名。在现实
政治场域，他与竹内好共同参与 1960 年的安保斗争，是参与日
本战后社会运动的知识分子中心人物。

研究加藤周一的思想时，在与其同时代的知识分子中，丸山
真男是一个尤其重要的潜在参考，而在研究丸山真男时，加藤周
一也具有同等参考意义。丸山真男与加藤周一的思想，对于理解
日本战后，可以说有着权威性的坐标轴式的功能。日本宪法研究
者樋口阳一在讨论 2012 年至 2013 年日本自民党宪法修正案时，
其出版的专著主标题为《加藤周一与丸山真男》❶。由此可见，
樋口阳一对于日本社会构想和运行的认知，受到了来自加藤周一
和丸山真男深刻的影响。

> 对我而言，对于战后思想的代表人物加藤周一与丸山真
> 男的思想，读什么，怎么读，首先就构成了一个坐标轴。在
> 此之上，加以西方经济史学、日本史学、法学中的民法等这
> 些宪法学之外的学科领域——我正是得益于上述种种知识刺
> 激的交互，将其中的一隅作为素材，写就了此书。❷

在此不难发现一个事实，即加藤周一与丸山真男这一坐标
轴，在不同的学科领域为当下日本学者所共享，在当下日本社会
继续发挥着功效。加藤周一通过"杂交种文化论"，丸山真男通
过"古层论"，两位同时代的日本战后知识分子皆以思考和语言
为手术刀，剖析日本思想与文化之结构。二人政治立场接近，互

---

❶ 樋口陽一『加藤周一と丸山真男：日本近代の〈知〉と〈個人〉』、平凡社、
2014 年。

❷ 同上，第180页。

为"对话的对象",而在探索"日本性"的道路上也是良友和同志。可以认为,二人的主张中有不少一致或相互补充的部分。然而,其中也有不应忽视的决定性差别。

丸山真男于1972年发表论文《历史意识的"古层"》,从这里开始了他的"古层论"。他将《古事记》和《日本书纪》开头在文体上表现出的"成/成为"、"接着/接连不断"和"趋势"三个语言样式称为"基底范畴",指出这是构成日本思想模式的根本,是日本历史意识内侧的"执拗低音",是"历史意识的古层"。加藤周一认为,丸山真男的"古层论"与自己的思考极为相似,并对日本人的世界观做出如下考察。

> 这就是我用"向量"概念说明过的问题。丸山真男称其为"古层",后来也有"执拗低音"(basso ostinato)等表述。使用"古层"说法时就不免涉及"古"这一时间性、时代性概念,而当我们试图对这个问题做出更为结构性和基础性的考察时,就可以引发所有国家和地域的意识形态流变。"执拗低音"是一个持续的低音,好比乐器中的低音提琴,在其之上还有一个高声部。低音提琴不仅提供一个低沉的旋律,也是在与高声部旋律的关系中展开的。在这个意义上,"执拗低音"可能比"古层"更为贴切。我的"本土思想"与之十分相似。"古层"是什么?"执拗低音"是什么?"本土思想"是什么?回答这些问题,是我们尤为关心的思想课题。❶

换言之,被丸山真男称为"古层"或"执拗低音"的事物,

---

❶ 加藤周一『「日本文学史序説」補講』、筑摩書房、2012年、第307頁。

在加藤周一的表述里被称为"本土思想"。在此不必讨论哪种隐喻更为贴切，最关键的是，加藤周一明确指出了他与丸山真男共同关心的所在。前文提到，早年的加藤周一用"杂交种文化"表现日本历史意识的基底，这一概念在后期改为"本土思想"或"本土世界观"。后两个概念是分析加藤周一思想的关键词。由于加藤周一的思想通常被回收和同化进丸山真男的思想体系，所以二者的不同往往遭到忽视。而在关于"古层论"的对谈中，加藤周一对丸山真男提出这样的问题：

> 你说"成"，就是时间上"此时"的世界，空间上"此处"的世界，也就是日常性的现实世界吧？❶

对此，丸山真男认为，"此处"的意识关乎空间和日本的风土，是一个非常具体的领域。换言之，他只解释了与空间的关系性，而未提及时间。由此可见，丸山真男思考了空间，却没有把时间明确地问题化。这也是他与加藤周一的决定性区别。在加藤周一为20世纪50年代"杂交种文化论"与七八十年代的"本土世界观"赋予具体形态的巨著《日本文学史序说》中，可以找到明确把握其思想的线索。这本书体现了加藤周一对"时间与空间"问题孜孜不倦的探究。

加藤周一与丸山真男不仅私交甚笃，更意识到二人所面对的共同时代。

> 我是丸山真男的朋友。但在这里，我要尽量避开私情，

---

❶　加藤周一「対談　加藤周一・丸山眞男」（1972年8月10日）、丸山眞男『日本の思想6：別冊』、筑摩書房、1972年、第7頁。

作为一个同时代人，思考思想家丸山真男究竟意味着什么。❶

在《〈日本文学史序说〉补讲》一书中，加藤周一在被问及《日本文学史序说》在国外的出版和接受状况时，曾引用为法语版写序的埃蒂安布勒教授的说法，即加藤周一明显受到"方法上的马克思主义"的影响，但"我们欢迎非教条主义的分析"。加藤周一似乎满意这种说法。随后，他谈到丸山真男和马克斯·韦伯的区别。

> 说一点关系到普遍知识世界的问题。暂且不论我自己，往大里看，丸山真男对日本的"超国家主义"的分析，或对德川时代的政治思想史的分析等，都具有国际权威性，是所有研究者应当读一读的代表性的经典。但是，用丸山的方法重写美国史，或重新解释欧洲史，却有些牵强。这就是丸山和韦伯的区别。韦伯并非在谈论德国。他的写作不是研究德国历史的经典，而是研究为世界上所有能想到的宗教社会提供新方法的工作。如果丸山之后的人能走得再远一点，就会在政治史和思想史的领域，做出一些并非以日本为对象，而是从日本出发，为整个世界带去影响的思考。只不过目前，我还没看到这种迹象。❷

从上述发言可以看出，加藤周一在有意识地区别自己与丸山

---

❶ 加藤周一・日高六郎『同時代人丸山眞男を語る』、世織書房、1998 年、第 6 頁。

❷ 加藤周一『「日本文学史序説」補講』、筑摩書房、2012 年、第 313 頁。

真男的工作。二人的不同在于，虽然加藤周一与丸山真男都以日本为出发点，但加藤周一的理想并非仅停留在日本，而是要建立一种如韦伯那样普遍的、体系性的新方法论。这正是加藤周一所理解的自己与丸山真男的不同。

同样，关于丸山真男对"执拗低音"的思考，加藤周一也做出过"尽管有启发性，但说得不太清楚"的评价。

> 丸山明确地罗列了许多个别案例，但在我看来，外国文化或思想进入日本，在日本的土地发生变化，或者说日本化时，这个过程至少具有某种程度的共性。我们的想法有出入，写出的内容就自然不同，比如对于佛教传入日本。而丸山详细分析过朱子学传入日本，以及之后明治初期的西方思想——斯宾塞、马克思主义、清教伦理，所有这些东西进入日本、在日本发生形变时，都是以不同的方式。我认为可以抽出这些不同变化中的共性。在这一点上，丸山的"执拗低音"理论尽管的确很有启发性，但说得不太清楚。也就是说，有启发性，却没有做出系统性的研究。❶

加藤周一大体赞同丸山真男的"执拗低音"理论，却不满其中"说得不太清楚"的部分，意图对从丸山真男那里获得的"启发"做出"体系化"。从"杂交种文化"的表象出发，以"本土世界观"的本质为轴心，这便是以《日本文学史序说》为代表的一系列加藤周一思想的核心特征。

---

❶ 加藤周一·日高六郎『同時代人丸山眞男を語る』、世織書房、1998年、第26頁。

　　加藤周一在丸山真男的"古层论"中发现了与自身"杂交种文化论"共通的本质性问题意识，却对"古层论"的"非体系性"感到不满，认为有必要从与丸山真男共享问题意识的同志伙伴的立场出发，将与其思想互通的"本土世界观"体系化。❶"本土世界观"既是比"执拗低音"更为明确的概念性工具，也是对加藤周一自身怀抱的"杂交种文化"问题意识的解答。换言之，在弥补丸山真男所缺乏的系统性的意义上，加藤周一不仅创造了一个新的概念性工具，也提出了一个"架构"。《日本文学史序说》不仅以日本的文学和思想为对象，也将其他国家和地域的文学和思想文化纳入讨论范围，而理解这一宏大的思考框架的体系，就是"本土世界观"。这一概念构成了加藤周一创作《日本文学史序说》的原动力，也是加藤周一思想抛出的最核心的问题。

---

　　❶　加藤周一「京都千年、または二分法の体系について」、『加藤周一最終講義：佛教大学　白沙会　清華大学　立命館大学』、かもがわ出版、2013 年、第 139 頁。
　　加藤周一根据"二分法"（英语为"Dichotomy"，日语为"二分法、二項対立"）概念，试图追求一种"时间性的持续与变化，空间性的中心与空间"的体系性思考。

第二章

生于"杂交种文化"与
"本土世界观"之间的
"例外"思想

一　加藤周一的出发点

1955 年至 1960 年，加藤周一发表了一系列以"杂交种文化"为核心的日本文化论。其中，论文《日本文化的杂交种性》（1955）和《杂交种文化：日本的小小希望》（1956）是结合日本语境开展具体研究的重要文本。在加藤周一的用语里，"杂交种文化"是与西方"纯种文化"的鲜明对比。单看"杂交种"一词（日语写作"雑種"），不免令人产生负面印象——这一点，在同为汉字文化圈的中国也一样——但加藤周一却赋予其积极的含义。这一点也对应着他对"日本文化的纯化运动"的批判。在后者中，加藤周一同时批判了"砍去日本的枝叶将日本西化"与"砍去西方的枝叶将日本纯化"的两种立场。❶ 他指出，所谓日本文化的特征是日式和西式的共存状态，即"杂交种文化"。在这一系列的讨论中，加藤周一主要将"杂交种文化"理论放在日本和西方的关系中，并将西方文化视作与杂交种产生对照的纯种元素的载体。

其后的 1960 年至 1969 年，加藤周一在加拿大英属哥伦比亚大学任教，20 世纪 70 至 80 年代写作的《日本文学史序说》，则

---

❶　加藤周一『雑種文化：日本の小さな希望』、講談社、1956 年。

加藤周一这样说道："试图将日本种的枝叶尽数砍光的纯化运动，即便能够顺利进行，也无法去除滋养根干的日本元素，因此过一段时间就又会长出日本的枝叶。于是就出现了试图干脆拔除西方枝叶，将一切整合为日式体裁的运动。但同样，由于无法去除根干的杂交种性，也就无法阻止西方枝叶再度长出，这种作用与反作用的连锁将永远持续下去。"

是他在将近十年的岁月中，积累的关于日本文学史和美术史的研究成果。在这本晚于"杂交种文化"理论十余年的著述中，加藤周一不再囿于对西方元素的考察，明确处理了在构成日式文化的外来文化中，比西方更早的中国元素。书中，加藤周一列举了日本从古至今的知识分子的文学作品及其思想，在对其逐一分析的同时，注意到这些文化事实彼此的关联性，以独特的视点完成了"这幅巨大的画卷"。该书在 1980 年获得大佛次郎奖。此后，加藤周一又于 1994 年获朝日奖，于 2000 年获法国政府颁发的法国荣誉军团勋章。2004 年，他与鹤见俊辅、大江健三郎等人，以守护日本宪法第九条为目的创立"九条会"。加藤周一投入评论、著述、诗歌、舞台剧和电影等多个领域的学术活动，直至2008 年，以八十九岁高龄离世。

加藤周一在撰写"杂交种文化论"期间，还写就了回顾性自传《羊之歌：我的回想》（1968）。对于这本写于其前半生四十余岁的自传，加藤周一曾这样描述创作动机和目的。

> 日本军国主义灭亡、恢复言论自由后，我开始从事文字工作，至今已有二十年，但所作文章甚少谈及私事。如今突然起意回首前半生，写作回想录，个中缘由并非难抑怀旧之情，而是想到自己身上多少也有些接近日本人平均状态的地方。

> 不算胖，也不算瘦；不算富，也不算穷。在语言和知识上，一半日式，混合一半西式；在宗教信仰上，既不相信上帝，也不相信佛祖。对于天下政事，自问没有青云之志；对于道德价值，从来都只持相对之论。几乎没有人种上的偏

见。艺术上，非常乐于欣赏，却不会立志成为丹青妙手，也无意去拨弄丝竹管弦。——究竟是何等条件造就了这样的日本人？我将以自己为例，为您细细道来。❶

日本军国主义灭亡，恢复言论自由——对许多日本人来说，恐怕好比封闭已久的空间吹进了一阵风。尽管因战争被长久剥夺的事物因人而异，这一背景却是为包括加藤周一在内的多数日本人所共享的。何谓日本人的存在方式？在即将到来的时代应当如何生存？加藤周一怀抱这一问题意识，以自己作为日本人之中的一例写就了此书。然而事实上，这本自传所记录和展现的，是对一个"接近日本人平均状态"的人而言并不平均，毋宁说是强烈的"个性形成"的过程。而且，这本自传并非完全基于现实。有研究指出，书中关于加藤周一的外国妻子希尔达·施泰因梅茨的记录属实，但他因这桩感情而不得不离开的"京都女子"却是虚构。❷ 因而可以认为，这本自传是基于一定现实的创作，而这样的创作方式明显具有一定的目的。关于这一部分，笔者将在第三章关于山上忆良的内容做出详细分析。

加藤周一把自身的存在看作日本人之中的一例，将自身世界完全敞开并转化为详尽的文字，又以自传的形式公之于众——这其中恐怕包含了某种实验性意图，也是加藤周一将形成自身的要素（由周围家人这一物理性现实所构成的经验），化作支持"杂

---

❶　加藤周一「あとがき」、『羊の歌：わが回想』、岩波書店、1968 年、第223 頁。

❷　鷲巣力『加藤周一はいかにして「加藤周一」となったか：「羊の歌」を読みなおす』、岩波書店、2018 年、第339 頁。

交种文化论"的根据。他在《羊之歌：我的回想》中写道：

> 当然，我上中学的时候，既不是芥川龙之介，也不是塞万提斯。在智力方面，我似乎在模仿他们，但在感情方面，却与他们正好相反。我依旧幼稚，没有任何经验。也许在第三人眼里，像我如此缺乏魅力的少年也是不多的吧。母亲曾含蓄地提醒过我，她说："你这么爱讲道理，也不太好。"她担心父亲对我的影响太大，但她对整个事情了解得不够充分。实际上我早就不是小学生了，父亲的话对我没有决定性的影响，我只是采用他的理论而已。这完全是两码事。我往返于美竹町极度禁欲主义的家庭和进行军国主义精英式教育的模范中学之间，虽然感到极度无聊，但自己也没有办法开创别样的生活。我虽然憧憬祖父的生活方式，但也很清楚自己与他的距离近乎无穷远。我只能去寻找一个理由，让我能够完全接受自己现在的生活。我采纳了父亲的理论，但同时意识到这些理论与自己之间的差异。❶

加藤周一的祖父曾因家庭经济危机，为偿还债务而不得不变卖部分用以出租的房屋。然而，即便在如此狼狈的情况下，"每次出门，他依旧要精心打扮一番，毫不吝啬地喷上外国香水。"❷与此相对，加藤周一的父亲却是刚健质朴之人，"很享受这种朴素的生活，他不抽烟，不喝酒，除了在院子里侍弄他的蔷薇花，没有别的嗜好。可能他觉得没什么需要花钱的地方，也就没有什

---

❶ 加藤周一「美竹町の家」、『羊の歌：わが回想』、岩波书店、1968 年、第 82 页。

❷ 同上，第 84 页。

么动力去挣钱。"❶

　　可以看到，加藤家的"传统"基因由祖父和父亲两名性格不同的人构成。加藤周一在成长中观察他们，被他们影响，却没有简单延续其性格，而是对他们的"理论"一一做出中立的判断，并选择将父亲的"理论"纳入自身的生活逻辑。只不过，即便是父亲，与作为独立个体的加藤周一之间仍旧存在差异。这便有了"独立个体"的成长过程，而对此过程的描写，在自传中占据了不少篇幅。例如，儿时的加藤周一因经常无法从与同龄人的对话中得到满足，而去找父亲说话。他如此描述这一情形：

　　　　我也不是早熟，只是在变成大人之前先记住了大人说的话。毫无疑问，若试图对世界做出整体性的解释，比起孩子的语言，大人的话显然是更有力的武器。孩子的语言可以转变为成人的语言，反过来却很难。大人各有各的幻灭，但多数人的工作已经忙到让他们对自己的幻灭都熟视无睹。我父亲的工作一点儿都不忙，所以他不会假装看不见幻灭，而是试图把幻灭理论化。在父亲的巨大影响下，我的人生顺序和常人不同。我不是先有梦想，之后逐渐幻灭；而是从一开始就带着幻灭，然后逐渐才有了梦想。❷

　　在这一段中，加藤周一对成年人的"语言"和"父亲"的形象感到幻灭，决心自己造梦。这里看到了加藤周一的"独立之心"，而这种"独立之心"在日后获得了飞跃性的成长。在1945

---

　　❶　加藤周一「美竹町の家」、『羊の歌：わが回想』、岩波书店、1968年、第82頁。

　　❷　加藤周一「病身」、『羊の歌：わが回想』、岩波书店、1968年、第48頁。

年广岛的姐姐家亲历原子弹爆炸的加藤周一，于日后参与了由东京帝国大学医学部和美军军医部共同组建的"原子弹爆炸影响联合调查团"。在自传中，加藤周一详尽记录了此生与占领军唯一一次的接触，包括与美军军医部L中尉的交流对话。原文稍长，但十分重要，所以笔者将全文引用如下：

> 这次旅行拉近了我和L中尉之间的距离，我们之间的谈话内容也开始超出医学技术的范畴。我的英语依旧捉襟见肘，但似乎也在慢慢适应，多少能听懂对方在说什么。一路上我们见识了很多当地的风俗，只要他跟我打听，我就给他做出一番解释说明。不过，这个解释的程度跟我的英语表达能力对应，只是相对简明扼要的那种。"那边那个大大的建筑是什么呀？""那是一座庙。""日本农村这么穷，怎么还修这么大的庙？怎么不盖学校、工厂呢？""学校也是很大的，就比那座庙小点。工厂，就算盖了也会在空袭的时候被炸掉……"
>
> 当然，我们也会聊一聊民主主义。是的，就是那个被看作世界性理想的"民主主义"。美国在很大程度上已经实现了这个理想——在这一点上我们看法一致。"在日本帝国，大家普遍认同你这个看法吗？""不是的，在日本帝国，这个看法是被禁止的。只有极少数的人有这种看法。""战争期间你也是极少数人中的一个吗？""是的。""那你不就背叛了日本帝国吗？"——"背叛"这个词突然向我袭来，就像一支利箭射中了我的心。我不禁打了个趔趄，但又在瞬间恢复过来。"日本帝国是什么？"我现在还清楚地记得自己

当时说的话，"是政府和人民。如果政府背叛了人民，那我们就应该反对政府，或者，至少不去支持政府。否则，我们就只能去背叛人民。但是，你也说了，战争期间日本帝国的政府，它就没有民主主义。一个没有民主主义的政府，从定义上讲，它就背叛了人民应有的权利。所以说，如果忠诚于政府，就会背叛人民；如果忠诚于人民，就会背叛政府。我的看法只不过是要忠诚于日本人民……""原来如此。"L中尉小声说道，然后就一言不发，陷入了沉思。❶

丸山真男在《忠诚与反叛》中也有过类似表述，即应当报以忠诚之心的不是日本帝国政府，而是日本人民；正因为忠诚于日本人民，所以背叛了日本帝国政府。加藤周一的"独立之心"和建立在其上的思考令L中尉哑然。

第二本自传《续　羊之歌：我的回想》收录了加藤周一讨论"杂交种文化"的文章。那些文章中最晚的写于1968年，其中已可窥见《日本文学史序说》内容的端倪。原文稍长，但笔者在此处仍忠实引用：

> 我在西方的生活改变了我对西方文化的看法，这就意味着我对日本文化的看法也会发生变化。我以前长期思考的几个想法出现在脑海里，徘徊良久，挥之不去。其中一个想法就是，现代日本的文化是古来就有的良风美俗和源于西方的学问、文艺、技术的混合体，已经无法纯化为其中的任何一种，而且没有这个必要。从这个意义上讲，现代日本文化就

---

❶　加藤周一「広島」、『続　羊の歌：わが回想』、岩波書店、1968年、第22頁。

是一种"杂交种文化"。我的这个想法没有一点儿新意，但是在发展的可能性方面，杂交种不一定比纯种差。而以杂交种之身，充满活力地迎接各种挑战——这一想法，至少对我是充满了新意的。要把此想法发展为完整的思考，就需要与异质文化融合，需要发达的文化创造力，还必须在别的时代和别的地区寻找密切相关的例子，尝试将其提炼为普遍化的经验。我也能想到一些这方面的例子，就是没有时间把国外的例子都调查一遍，做一番全面的探讨。我赶紧写了一篇短文，把这个想法的概要发表在杂志上。还有一个想法跟日本近代史有关。有一观点流传甚广，即认为明治维新之后的文化与之前的传统发生了"断裂"。我也曾不假思索地接受过这个观点。但自从我去西方游历之后，发现已经无法把明治前后的关系用"断裂"加以说明。除了油画，还有其他类型的画，比如日本画；除了西洋风格的管弦乐，还广泛使用传统乐器、音阶以及发声法。还有，在明治以降抒情诗的世界里，和歌传统发挥着很大的作用，现代小说和随笔、江户的读本、黄表纸和俳文等都没有出现"断裂"的现象。我把这些内容都写了下来，针对具体作家和作品进行了细致的讨论，但还是没能支撑起自己的理论。我的看法应该没有错，但我写的文章徒具骨架，尚无血肉。按照杂志要求写稿的情况越多，我就越没有足够的时间去调查事实。什么都没准备好，就只能陈述一些自己的感想和意见。❶

---

❶　加藤周一「格物致知」、『続　羊の歌：わが回想』、岩波書店、1968 年、第 175 – 177 頁。

为使"以杂交种之身，充满活力地迎接各种挑战"的"想法"得到发展，加藤周一认为需要"与异质文化融合"以及有必要在"别的时代和别的地区"寻找"与异质文化融合发展并创造新文化""密切相关的"实例，并使之普遍化。

以上的长段引文包含两个要点：一是"杂交种文化"必须是在别的时代和别的地区也可以通用的普遍性尝试；二是明治维新以前的传统与其后的发展之间并非"断裂"且必须得到证明。前者对应"杂交种文化"的普遍化实践，这是稍后要处理的内容；后者则构成加藤周一在《日本文学史序说》中思考的最初灵感。至此，已可以在一定程度上把握加藤周一的思想是如何前后贯穿的，《日本文学史序说》又是如何与"杂交种文化"概念紧密相连的。同时，也可以理解自传《羊之歌：我的回想》《续羊之歌：我的回想》的思考与"杂交种文化"理论之间的同构性。这正是加藤周一思想通往《日本文学史序说》之路的出发点。

二 《日本文学史序说》的世界观

1970 年，读卖新闻社文化部策划了一个名为"日本之道"的栏目，在 3 月到 8 月收获了出人意料的积极反响。于是，读卖新闻社文化部又在原计划基础上增加了十三期内容，最后共计连载了六十三期。栏目以日本人的意识结构和日本思想史为对象，以日本人在升华主题时喜用的词语"道"为切入点，追问何谓"日本之道"。连载结束后，栏目组立即应邀编撰了文字版书籍

《日本之"道"：其源流与展开》❶。受连载形式的影响，书籍以
"道的重新发现"（主题篇）和"道的开拓者"（人物篇）两个
门类，分别进行整理和讨论。其中，"道的开拓者"又将日本古
往今来的历史风云人物以"武士之道"（もののふの道）、"武士
道的繁盛"、"风雅之心"、"町人之道"、"变革的逻辑"、"信念
之路"的顺序分门别类，逐一介绍。

　　或许是出于同样的社会诉求和问题关怀，《朝日周刊》于
1973 年 1 月至 1974 年 8 月、1978 年 1 月至 10 月分别连载了加藤
周一的《文学史序说》和《续·文学史序说》系列文章。这一
时期创作和修订后的文章，构成了后来的《日本文学史序说》
（上，1975）。其后，未被《朝日周刊》连载的部分文章又与新
稿《产业化的时代》结集为《日本文学史序说》（下，1980）。
加藤周一在《日本文学史序说》的后记中自述，整个创作过程
长达七年有余，其间于东京、纽黑文、日内瓦三地辗转，数度因
故中断写作。也是在同一时期，加藤周一写就了《语言与人》
（1977）、《日本人的生死观》（合著，1977）。

　　《日本文学史序说》的划时代之处，在于它既非按照传统的
编年顺序展开分析，也非像上文提及的《日本之"道"：其源流
与发展》那样按主题分门别类叙述。相反，《日本文学史序说》
取消了主题化，以包括日本文学和思想在内的日本文化为主轴，
紧扣这根轴重新分配历史。这一方法将日本文化的起点、变化过
程以及整个背后的时代样态可视化。加藤周一展现了一个前所未

---

❶　林屋辰三郎·上田正昭·山田宗睦編『日本の「道」：その源流と展開』、
講談社、1972 年。

有的坐标轴，给予我们一种工具——不仅可以丈量作为历史的过去，也可以勘测我们当下所处的位置，乃至未来的方向。

《日本文学史序说》被评价为一部卓越的日本文化和思想史著作，成为一座里程碑。其主要原因在于，《日本文学史序说》挑明了日本的"本土世界观"这一轴心，提出并分析了日本文化中"不变"的面相，即在与外来之物对峙的过程中，作为古层恒久地存在并发挥作用的那种世界观。加藤周一在该书中指出：

> 日本人世界观的历史性演变，比起外来思想的渗透，更多的是由于执拗地保持"本土世界观"，反复多次地使外来的体系"日本化"所导致，这是其独具的特征。❶

同时，加藤周一这样定义"本土世界观"：

> 在本书中，我试图将日本的"本土世界观"在应对外来思想挑战时，基于各个时代的社会条件，通过考察作为反应形式之一的文学，确认其与各个时代相对应的一系列反应。"本土"即英语的 indigenous（法语的 indigène），指不受外界影响，仅从这片地域的土壤诞生并发展的东西。"世界观"（德语的 weltaussichten）不仅涉及存在，也包括价值观这一应然，是人对自然和社会环境的观察和思考。❷

提炼要点的话，加藤周一所定义的"本土世界观"是"仅

---

❶　加藤周一『日本文学史序説　上』、筑摩書房、1975 年、第 24 頁。

❷　加藤周一『日本文学史序説　下』、筑摩書房、1980 年、第 492 頁。

从这片地域的土壤诞生并发展"的人，在存在和应然的层面对
"自然和社会环境"的全面看法。加藤周一试图通过文学这一形
式，捕捉"本土世界观"在应对外来思想时的一系列反应，即
意味着其关注的对象不是单个的反应，而是多个个别反应的串
联。此处出现的两个方面，其一是"本土世界观"的定义，它
是对整个日本共享的普遍价值观的设想；其二是以"个别"书
写的历史人物发出的不同反应——将这两方面结合起来思考，二
者之间的关系应当是清楚的。"个别"的反应构成"系列"的反
应，本土式的普遍中同时包含了个别的例外。关于多个个别反应
的问题，笔者留到"'孤高的系列'与'例外'"一节详细论述。

那么，日本的"本土世界观"是如何经历外来思想的挑战
的呢？在《日本文学史序说》伊始，加藤周一分析了日本人的
世界观。

> 具有代表性的外来世界观：首先是大乘佛教及其哲学；
> 其次是儒教，特别是朱子学；再次是基督教；最后是马克思
> 主义。这不必按照严格的年代顺序排列。佛教和儒教恐怕是
> 在 6 世纪中叶同时引进的。但是，对于佛、儒各自的世界观
> 对日本文化遗产所产生绝对影响的时间，佛教则比儒教早一
> 些。佛教从 7 世纪到 16 世纪作为文化背景，占有重要的地
> 位。儒教的影响也早早呈现，但在 14 世纪以后才渐渐加强。
> 宋学作为体系性的世界观起决定性影响之时，则是在 17 世
> 纪以后。基督教的影响则是在 16 世纪后半叶、19 世纪末与
> 20 世纪前半叶。马克思主义是在两次世界大战之间，对知

识界带来了颇大的影响。❶

加藤周一指出，上述四种外来世界观中，佛教和基督教具有彼岸的性格，儒教和马克思主义则具有此岸的性格。

> 中国的传统世界观与印度、欧洲不同，它是此岸的（包括老庄学说）。印度的影响波及日本是通过引进中国文明，而西方的影响抵达日本则是在此后的时代。因此，中国世界观的此岸性，对于保存日本固有文化的此岸性很有裨益。也可以说，就东亚的整个文明来说，其思想特征，不论是中国还是日本，都具有共同的此岸的性格。❷

加藤周一一方面认可中国和日本同时具有此岸的性格，另一方面也注意到中国思想中还有抽象的、理论的、追求整体性的面相，即中国思想中存在超越性的原理。在此意义上，日本的"本土世界观"与中国的传统世界观产生了鲜明的对照。也正因此，受到了来自它的决定性影响。只不过，这一在书籍伊始就陈述的结论性观点，后来在书中几乎没有展开，只有一些最低限度的讨论。加藤周一希望"将这个问题暂且放一放"，恐怕是因为他意识到了当时的着眼点是日本，所以为了不模糊焦点，而选择暂且将视线集中在单一的对象，日本。

日本，是贯穿加藤周一一生思考的主题。包括"杂交种文化论"在内，加藤周一始终以探索日本人内心深处固有的"本土世界观"为观照。《日本文学史序说》正是这一视线的延长。在

---

❶❷　加藤周一『日本文学史序説　上』、筑摩書房、1975 年、第 24 – 25 頁。

质询日本人如何应对外部思想挑战及其过程中发生了何种变化时，加藤周一拒绝了旧有的狭义文学框架，试图以一个宏大的格局捕捉日本人精神活动中的生机，以不同场景对"本土世界观"加以说明。

加藤周一提出的日本文化结构由三部分组成："本土世界观"、外来意识形态、受外来意识形态影响而产生变化的本土性。❶ 其中，"本土世界观"是一切关于日本文化问题的根基性内容。加藤周一为"本土世界观"赋予"集团主义"、"现在主义"和"现世主义"三个特征，对其中的"集团主义"和"现在主义"持相对的批判态度，而对"现世主义"持相对的肯定态度。

构成加藤周一态度的原因，主要有以下几点。其一，关于"集团主义"。集团的范围随时代（时间）的推移而扩大，从一个阶级到另一个阶级。例如，贵族之间所共享的精致化的审美品位，逐渐扩大到武士阶级和市民阶级。在这个扩大的过程中，审美品位完成了某种进化，发生了改变。此处所谓的改变，指的是对继承之物的活化，并在此之上创造出新东西。如此，日本式的特征便随着集团的扩大一起扩大了。然而每当此时，在各个时代封闭的集团空间中，总出现一些带有"普遍性"性格的"例外"来打破这种封闭性。这在加藤周一对平安时代的女性作家的评价中表现得十分明显。当时，在日本宫廷贵族内部结成婚姻血缘关系的集团，一般是一夫多妻制，而《落洼物语》中"以一夫一妻制为目标的幸福家庭的理想，是那个时代宫廷文

---

❶ 参照后文"图1 杂交种文化生成机制的图示"。

学中的例外"❶。

其二，关于"现在主义"。加藤周一时常在接近"快乐主义"的意义上使用这个词。"快乐主义"往往与"集团主义"同时出现。此处说的集团主要指属于同一阶级、阶层或团体的人，有时也指出身、教育背景和知识经验结构相近的人。例如，谷崎润一郎的性倒错描写可以令人联想到《源氏物语》。加藤周一指出，二者在囿于有限的空间中只关心身边琐事的层面上，如出一辙。❷

其三，关于"现世主义"。加藤周一将其视作"此岸性"的同义词。谈论"现世主义"时，他往往结合中国儒学、宋学（朱子学）展开分析。对于秉持理性主义和现实主义的，尤其是能够将此二者构筑成更为全面的体系的人物，加藤周一无一例外地都予以赞扬——他认为同为江户时代的儒学者，新井白石的理性主义政策优于荻生徂徕，便是一个例证。

在加藤周一看来，日本的"本土世界观"在接受外来思想时，通过将其拆分为"集团主义"、"现在主义"和"现世主义"三个方面，而呈现出一种忽略整体、只重视各个细化部分的倾向。这一观点也可看作加藤周一对日本"本土世界观"的批判，即在思想性上缺乏把握全局的视角，又呈现出政治性的薄弱。加藤周一从时间与空间的角度出发，通过对"部分和整体"关系

---

❶ 加藤周一『日本文学史序説　上』、筑摩書房、1975 年、第 162 頁。
❷ 加藤周一『日本文学史序説　下』、筑摩書房、1980 年、第 416 頁。
加藤周一又写道："翻译完《源氏物语》后，谷崎写了自己的'源氏物语'。在那里，想必有一种存在于日本艺术表达中的悠久传统支持着谷崎的创作，即部分离开整体结构，作为部分拥有独立的意义。"

的分析，批判了日本文化的特性。对于时间，加藤周一指出：

> 日本文化中"时间"的典型表象是一种现在主义：现
> 在或"此时"发生的事情的意义是自足的，在深入领会其
> 意义的时候，无须明确表示与过去或者未来发生的事情的关
> 系。时间的流逝有一定的方向，无始无终；历史时间的流逝
> 类似于指向特定方向的无限直线。人能够讲述其中发生事情
> 的先后，却不能在那基础上将时间整体结构化思考。❶

加藤周一认为，"现在主义"的"此时"是"自足"的，断
绝了与"过去"和"未来"的联系。这种局部的时间观念无法
"将时间整体结构化"。加藤周一指出，时间并非简单的"直
线"，而是"多条连续的直线"或"圆周"。

> 时间的"整体"是现在＝当下无限多条连续的直线或者
> 无限循环的圆周。如果各个现在是整体的一个"部分"，它们
> 之间彼此是相互等价的话，可以认为，对于日本文化传统所
> 强调的现在集中主义，应当理解为一种针对整体而言倾向于
> 重视某一部分的表现。在日本文化中，并非将整体分割为各
> 个部分就能成立，而是把各个部分叠加起来形成整体。❷

加藤周一指出，只考虑局部的"现在集中主义"是日本文
化传统的特征。一个"局部"，当其作为构成整体的"局部"
时，便被认为与其他"部分"等价。进而，加藤周一讨论了空

---

❶ 加藤周一『日本文化における時間と空間』、岩波書店、2007 年、第 233 页。
❷ 同上，第 235 页。

间的"整体"和"部分"的关系。日本人除了关注与所属集团内侧直接接触的特定群体，对"整个外侧空间"并没有强烈的兴趣。

> "空间"的整体广阔无垠。一个"部分"指"此处"即"我所处的场所"，这种场所的典型便是村落共同体。村落的界线明确，对村民来说，界线内外的两种空间形成整个世界。村落的领域不是将世界空间这一整体分割以后的结果。相反，村落的集合形成故乡——我们暂且不讨论故乡意味着什么——外部广阔无垠的世界给予了空间整体性。换言之，首先有我们居住的场所＝"此处"，然后在其周边才有广阔的外侧空间。❶

紧接着，加藤周一对日本的"此处"空间观展开论述。这部分论述承接上文，批判日本文化往往不将"此处"视为世界整体的一部分，而是倾向于将凝缩在"此处"的东西套用到整个"世界"。

> "此处"的范围可以伸缩，内容也多元。从家庭到国家，从"性别"到代际，一个人属于多个不同的集团，但人们将各自集团领域作为"此处"认识，从"此处"看整个世界，而不是从整个世界秩序看其中的一部分＝"日本"＝"此处"。这种构造，即部分先于整体的看法，难道在战败和占领后的 20 世纪后半叶发生变化了吗？从日本的对外态度来看，不能说在根本上有所改变。❷

---

❶　加藤周一『日本文化における時間と空間』、岩波書店、2007 年、第 235 頁。
❷　同上，第 236 页。

可以看到，加藤周一认为日本关于空间的"此处"文化和关于时间的"此时"文化，其本质都可以还原为部分与整体这组关系。这一认识是前文提及的《日本文学史序说》中"本土世界观"的"集团主义"（局部空间）和"现在主义"（局部时间）所共通的。

那么，在空间和时间的意义上，如何得以同时涵盖部分与整体？这就是从加藤周一的视点出发所捕捉的贯穿日本思想和文学史的坐标轴，即那条由多个连续的人物构成、被加藤周一称为"孤高的系列"的那个坐标轴。

那些连续的人物，包括从《日本文学史序说》上卷中《万叶集》时代的"例外"人物山上忆良开始，到下卷中产业化时代的林达夫、石川淳和小林秀雄等。加藤周一在处理这些人物时，以不变的标准贯彻了对他们的评价，向读者展示出一种在任何时代都不会改变的、近乎信念的东西。虽然笔者在下文将对此展开探讨，但对于这种信念，即选择"孤高的系列"作为轴，笔者认为这正是贯穿思想家加藤周一思考的基轴。

再次回到对《日本文学史序说》的探讨。为更好地刻画"孤高的系列"，加藤周一在《日本文学史序说》中提出了"本土世界观"这一由具体历史人物和个别历史事实所支撑的概念。其与在丸山真男的日本文化理论"古层论"中登场的"古层"概念类似。对于这一部分更加详细的论述，笔者将留到下面的章节展开。在此，笔者先从结论说起，即一方面加藤周一在《日本文学史序说》中记叙的种种具体事实，起到了某种支撑丸山真男

"古层论"效果的作用;❶另一方面,"本土世界观"也反映了加藤周一与丸山真男截然不同的思想的独特性。

"本土世界观"与加藤周一年轻时发表的"杂交种文化论"一脉相承。在此,笔者想明确加藤周一对日本文化结构的理解。在以"补讲"形式整理的讲义❷中,加藤周一给出杂交种文化生成机制的图示(见图1❸)。这就是"A. 本土世界观"、"B. 外来意识形态"和"C. 受外来意识形态影响而产生变化的本土性"。

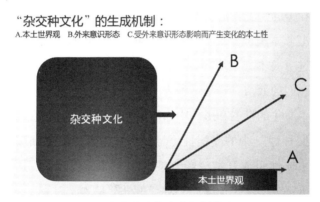

图1　杂交种文化生成机制的图示

---

❶　阿部裕行「丸山眞男『古層論』の可能性について」、『法政大学大学院紀要』第69号(2012年10月)、第13－20页。

阿部裕行这样写道:"对于一种执拗地流淌于历史意识的基底,即便接触外来思想也不会有丝毫改变,丸山起初将其称作'原型'(1963)。后来据说'原型'一词恐怕被误解为古代意义上为宿命所决定而无法改变的'原型',就改为'古层'(1972)。但他又不希望'古层'被误解为马克思主义中的'基础'概念,最后便采取了'执拗低音'这一表达。这几个概念在含义上是一致的。"

❷　加藤周一『「日本文学史序説」補講』、筑摩書房、2012年。

❸　笔者根据《〈日本文学史序说〉补讲》一书绘制。

根据加藤周一的看法，"A. 本土世界观"看似可以通过"B. 外来意识形态"和"C. 受外来意识形态影响而产生变化的本土性"之间的减法运算推测出来，其实则不然。"本土世界观"并不能这样简单地可视化。其中，发生于 C 轴的各个时代和场所的个别现象，可以图示化为加藤周一曾经论述过的（个别的）"杂交种文化"。如此，加藤周一思考中独特的"本土世界观"这一轴线支持着"杂交种文化"的视野，使日本文学历史绘卷的结构化变得可能。巨著《日本文学史序说》就是这样一幅庞大壮美的绘卷：沿着各个时期的时代背景和人物背景，简练地描绘出"本土世界观"在遭遇外来思想时展现出的不同反应。

通过《日本文学史序说》，"本土世界观"被带到了身处于今天的我们的面前。这是一种为所有时代的知识分子所共享，同时在日本文化的发展和形成中起决定性作用的，包含在日本文化的"杂交种性"中的支配性力量。在某种意义上，加藤周一将自身的主体性引入日本"杂交种文化"的历史之中。这一主体性，也可部分得见于加藤周一对"例外"的遴选过程。

因此，要想理解加藤周一的思想，既要将《日本文学史序说》中登场的每个知识分子作为个别事实看待，又要把《日本文学史序说》作为一部作品而整体地看待。正如加藤周一本人所言，《日本文学史序说》有自我完满的一面，也有超越历史的一面。只不过，它很难讨论包括自己在内的战后日本文学史。

> 《日本文学史序说》的讨论终止于本世纪初降生的那一代文学家。之后的作家，包括我自己，都在战后相继发表了自己主要的文学成果。要以《古事记》以来的历史透视主

义客观评述这样一批作家——尤其在我还是其中一员的情况下——几乎是不可能的。❶

加藤周一认为自己只能处理"本世纪初降生的那一代文学家",至于自己这样一个在战后发表文学类作品的作家,以及与自己同时代的作家,他则认为无法客观讨论。这是因为,他无法像运用"历史透视主义"观察历史人物那样,用同一种方法观察这些对象。换言之,客观地观察历史,需要与历史保持距离。加藤周一在某种意义上提出了一个希望,即将客观分析自己时代的工作托付给后来人,让那些后来人以历史透视主义的方法观察自己无法言说的时代和作者。

对于 1978 年生于北京的笔者而言,观察加藤周一时,不仅与其有历史的距离,更可以保持文化上的距离。笔者在绪言中提到,加藤周一不受日本思想界重视,在思想史研究中长期被边缘化,以致快要被当下的日本人遗忘。一个例证便是:小熊英二近年那部同时获得大佛次郎论坛奖、每日出版文化奖、日本社会学会奖励奖等多个重要奖项的巨著《"民主"与"爱国":战后日本的民族主义与公共性》,在洋洋洒洒千余页的篇幅中,竟然吝啬到连一页纸都舍不得留给加藤周一。尽管是不自量力,笔者仍决意要对加藤周一展开历史透视主义观察。如果在此过程中能有些许收获并与读者共享,那就是再幸运不过的事。

---

❶ 加藤周一『「日本文学史序説」補講』、筑摩書房、2012 年、第 493 頁。

三 "孤高的系列"与"例外"

加藤周一在《日本文学史序说》中采取的论述方式，即在处理后来时代的知识分子表述的同时，回顾前代知识分子与之在思想结构中类似的部分，并将其串联起来，刻画成散布在漫长历史过程中的知识分子的连续图示。

以这一结构为背景，加藤周一将一部分日本知识分子的图示以"孤立（高）的杰作系列"的概念串联在一起。如本书开头所言，这种处理方式多少令人想起托马斯·库恩的范式理论。"孤立（高）的杰作系列"指超越日本的集团主义的人物。加藤周一将自身对真实的追求，化为观察这些试图超越集团主义的知识分子的原动力。对于跃出日本文化范围、追求普遍性真实（真理与现实）的知识分子及其作品，加藤周一从不吝惜赞美之词，将其视作知识分子的理想，称其为"孤立（高）的杰作系列"。

这些知识分子共同具备如下特征：（1）尊重个别事物事实的科学精神；（2）重视个别事物之间关系的全局性或整体性视野；（3）拥有普遍性的世界观。他们不是时代的主流，而是作为"非主流"登场于历史舞台的"例外"。尽管如此，他们的精神却得到后世知识分子的传承，其中也有不少人成为自己时代的主流。例如，被知识界疏远的古代知识分子山上忆良、永不妥协的现代知识分子石川淳，都是加藤周一讨论的典型。他们在自己所处的时代多少存在异质性特征，却总会在后世得到应有的评价。

在加藤周一以上述视点刻画的"孤立（高）的杰作系列"内部，"忆良型"知识分子这一表达浮现于整个脉络。当然，加藤周一直接使用"忆良型"一词的次数并不多，在书的后半部分甚至不再使用，取而代之的是"孤高的系列"或"例外"一类的比喻。加藤周一并未对"忆良型"知识分子下明确定义，但用他自己的概念说明的话，就是处于上文图 1 的"A. 本土世界观"和"B. 外来意识形态"之间，保持着多种多样观察角度的知识分子的形象。在加藤周一的判断中，"忆良型"（"孤高的系列"或"例外"）知识分子在漫长的时代中一直发挥着作用，直至今日。在某种意义上可以认为，加藤周一的闪光之处在于他不仅建构了这个系列，也站在这个系列的终点。笔者在之后关于山上忆良的章节，将详细介绍"忆良型"知识分子。

《日本文学史序说》由历史长河中浮现在加藤周一眼前的一系列人物构成。加藤周一最初关注的是 7 世纪的日本。根据加藤周一的观察，7 世纪到 8 世纪统治阶级的文学"在此岸的本土世界观框架内朝着现世享乐主义的方向发展。以短歌为体裁，将书写题材限定在身边日常的光景，呈现出一种将感觉精致化的倾向"❶。然而与此同时，"也有例外，在文学和思想的历史上，往往例外是重要的"❷。在此基础上，加藤周一以阿倍仲麻吕和山上忆良为例，宣布如这般"在应对外国文化的'挑战'过程中创造出杰作的少数派知识分子贯穿了忆良以后的日本文学史，由这些知识分子形成的系列，就是这个时代中的孤立（高）的杰

---

❶❷　加藤周一『日本文学史序説　上』、筑摩書房、1975 年、第 85 頁。

作系列。"❶

　　加藤周一以此为契机，开始运用"忆良型"称呼9世纪以后的这一类日本知识分子。在他看来，9世纪的"忆良型"知识分子的典型当属纪贯之和菅原道真。

　　　　9世纪的社会特征之一，是在8世纪时一度孤立的"忆良型"知识分子，在那时终于形成了一定规模。❷

　　　　如果我们考虑9世纪以后日本文学史的状况，就不得不认为，以贯之和道真为代表的9世纪末知识分子文学的成立，是划时代的。❸

　　据加藤周一的观察，如纪贯之和菅原道真这类"忆良型"知识分子，在山上忆良生活的奈良时代十分罕见，但到了平安时代却时有出现。换言之，8世纪的"例外"在9世纪以后就不再是"例外"。《日本文学史序说》的议论多次涉及各个时代的"例外"。表1❹整理了被归类为"例外"的知识分子以及加藤周一对他们的评价，着重号为笔者添加。

---

❶　加藤周一『日本文学史序説　上』、筑摩書房、1975年、第85頁。

❷　同上，第100页。

❸　同上，第101页。

❹　表1是笔者参阅《日本文学史序说》原文中包含"例外"一词的段落并以出现顺序制作而成。同时，也在一定程度上参考了在加藤周一语境中与"例外"几乎同义的"独特""罕见""史无前例"等词语的使用。

表1 《日本文学史序说》中"例外"的
日本知识分子及加藤周一对其的评价

卷数	时间	人物	评 价
上卷	8 世纪	山上忆良 (660—733)	……(《万叶集》中的例外，再次应属忆良)。❶ 但是，也有例外，在文学和思想的历史上，往往例外是重要的。……另外，也有如忆良一般的天才，在大唐的土地熟读汉语诗文，理解了儒、佛的思想，回国后扩大日本抒情诗的格局，书写出独特的杰作。(忆良的创作丰富了《万叶集》，但这份功劳直到德川时代都几乎没有得到重视。这也可以说明在中国文学影响下写作的忆良，与当时的本土文学在观念上是多么天差地别。) 在应对外国文化的"挑战"过程中创作出杰作的少数派知识分子的文学，贯穿了忆良以后的日本文学史。由这些知识分子形成的系列，就是这个时代中的孤立(高)的杰作系列。❷
		大伴家持 (约718—785)	如柿本人麻吕创作的挽歌中表达的，人死以后不是去往来世，而是下到黄泉——这样性质的创作几乎支配了《万叶集》，除了山上忆良和大伴家持这类少数的例外。❸

---

❶ 加藤周一『日本文学史序説 上』、筑摩書房、1975 年、第 77 頁。

❷ 同上，第 85 頁。

❸ 同上，第 76 頁。

续表

卷数	时间	人物	评　价
上卷	9 世纪	圆仁 (794—864)	圆仁用汉语写日记，却不拘泥于外语的辞藻，而是冷静观察，正确记录，独自经历难以言喻的艰辛。他即便听闻惨绝人寰之事，也拒绝使用充满感情的表现，而始终保持彻底就事论事的态度。❶ ……《入唐求法巡礼行记》中的圆仁丝毫不受中国社会思想斗争状况的影响，自始至终贯彻清醒而现实的精神，以此去观察，去描写，遇到任何状况都不退缩。在这个意义上不得不说，圆仁首先是一个绝对彻底的日本人，其次是一个（从《今昔物语》的作者到西鹤为止的年代中）罕见的散文家。❷
		空海 (774—835)	空海的哲学思想是对佛教"日本化"的拒绝，在持有一种彻底的彼岸意识或克服本土世界观的意义上，是划时代的。❸
	10 世纪	和泉式部 (生卒年不详)	即便是恋爱题材，他们的诗歌中占压倒性多数的也是这种"微温"的情绪，而不再是古代歌谣中可见的对性欲的表达或《万叶集》中热情四射的表现。"不过在这样的时代，也有例外"……尤其令人瞩目的就是和泉式部。❹ 诗中迫切的情感和不多不少的精妙表达，展现出诗人强烈的个性与一种超越时代、撼动人心的女性心灵。❺

---

❶❷　加藤周一『日本文学史序説　上』、筑摩書房、1975 年、第 99 – 100 頁。

❸　同上，第 107 页。

❹❺　同上，第 150 页。

卷数	时间	人物	评 价
上卷	10 世纪	《竹取物语》作者（生卒年不详）	《竹取物语》是一个特殊的例外。它或许创作于 9 世纪，但其中必要而充分的叙事，紧密而理性的结构，不仅在平安时期的故事中，在从古到今的日本小说中也相当独特，几乎令人感到了一种与日本本土精神的格格不入。❶
		《落洼物语》作者（生卒年不详）	尤其是结尾部分歌颂的夫妇相互献身，几乎达到了一种理想化的顶峰。以一夫一妻制为目标的幸福家庭的理想，是那个时代宫廷文学中的例外。❷
	13 世纪	日莲（1222—1282）	日莲对国家权力的"那种态度"，例如"无论天皇还是将军，错的就是错的"，这是日本史上极为稀少的例外。在他那里，所谓的"法"（《法华经》）超越了一切权威，从此导出的思想是，应当是国家为"法"服务，而不是"法"为国家服务。❸ 某种意义上，日莲在日本的本土世界观中打下一个楔子。然而本土思想整体并未因此改变。❹

---

❶ 加藤周一『日本文学史序説 上』、筑摩書房、1975 年、第 161 頁。
❷ 同上，第 162 頁。
❸❹ 同上，第 224 – 225 頁。

卷数	时间	人物	评 价
下卷	17世纪	盘珪 (1622—1693)	在盘珪那里，日语的佛教问答恐怕意味着佛教思想的日常化，化为他自身的血肉。然而，佛教的原则超越了日常生活，超越了特定的历史文化（"不生佛心"的普遍性）。在此，"像日本人一样"并非对日本的绝对化，而是一种超越日本和其他国家（具体而言，比如中国）之间差别的价值信念。……这让我想起用日语创作其主要作品的道元如何从"正法"的超越性立场出发，对日本和中国的禅林展开批评。盘珪用口语进行的佛教问答，同样站在"不生佛心"的角度，展现出一种不屈服于大陆文化的精神。在对语言展现出的态度与对超越性价值的信念的方面，13世纪的道元与17世纪的盘珪恐怕存在某种密切的联系。他们是日本佛教史上的例外。❶
		日奥 (1565—1630)	然而，在上述四种知识分子中并非完全不存在例外。法华宗（日莲宗）的僧侣、佛性院的日奥（1565—1630）在与武士阶层的对立中被家康流放到对马，谪居十三年之久。❷ 为了在意识形态层面实现国家权力的绝对化，就不可避免地导致了对基督教和日奥一派（法华宗的"不受不施"派）的弹压。对宗教的封杀……彻底抹杀了日奥的例外。❸

❶ 加藤周一『日本文学史序説　下』、筑摩書房、1980年、第27-28頁。
❷ 同上，第30页。
❸ 同上，第31页。

续表

卷数	时间	人物	评 价
下卷	18 世纪	山胁东洋 （1706—1762）	他宣称尧的脏器和桀的脏器是相同的，这个事实并不因时代和文化的改变而改变。然而，这个宣言相对来说是个例外。❶
	18— 19 世纪	小林一茶 （1763—1827）	在 18 世纪末和 19 世纪初的文学作品中，涉及农民日常生活的题材极为罕见。俳句诗人小林一茶（1763—1827）在这个意义上是个例外。❷
	19 世纪	福泽谕吉 （1834—1901）	福泽作为一个相信超越国家价值——个人的自由独立，人与国家的平等和文明——的独立个体，是明治社会的例外。他试图平衡这一超越性价值和现实主义，这一点也是一个例外。❸
	19— 20 世纪	森鸥外 （1862—1922）	明治以来的文学要么借用西方文学的表达形式（新诗、新戏剧、心理小说、文学批评），要么采用日本过去的表达形式（和歌和俳句、随笔、某种类型的小说），而没有发明什么新形式。鸥外的传记形式是唯一的例外。❹

---

❶ 加藤周一『日本文学史序説 下』、筑摩書房、1980 年、第 118 頁。
❷ 同上，第 258 頁。
❸ 同上，第 302 頁。
❹ 同上，第 367 頁。

续表

卷数	时间	人物	评　价
下卷	19—20世纪	内村鉴三（1861—1930）	这一事件在日本现代思想史中之所以重要，是因为当内村的良心踌躇是否要行礼之时，对天皇神格化的否定得到了明确的表达。内村对唯一神的信仰绝对超越了对国家与作为其象征的天皇的信仰。作为一个热烈的爱国者，内村这一超越了对日本国家信仰的信仰，毋庸置疑，也超越了对日本以外的所有世上国家的信仰。❶ 日本世界观的传统建构在对共同体的归属，以及对共同体之外的一切绝对者的否认这一价值观之上。在这一世界观中，内村的信仰理所当然地成了例外，同时也是划时代的。❷
		岛崎藤村（1872—1943）	然而对日本所谓的"自然主义"小说家而言，他们并不总致力于将自己作为小说主人公，并一定程度地忠实记录自身的实际经历。这其中的例外：第一是岛崎藤村，第二则是正宗白鸟。……藤村在作为小说家的最初和最后的工作中，都试图将自身内部外化从而进入历史。❸
		正宗白鸟（1879—1962）	在表现出"自然主义"乃是违背当事人意愿的传统主义的层面上，白鸟并非例外。使他成为例外的是他意识到了这种传统主义，并将其锤炼到了"犬儒"的程度。在所有其他"自然主义"小说家那里，此岸的或日常的本土世界观是在无意识中贯穿一致的，这是一种传统的自在。但在白鸟这里却是有意为之，换句话说，是传统的自为。❹

---

❶　加藤周一『日本文学史序説　下』、筑摩書房、1980年、第371頁。

❷　同上，第372頁。

❸　同上，第384頁。

❹　同上，第389頁。

续表

卷数	时间	人物	评　价
下卷	19—20世纪	有岛武郎 (1878—1923)	明治维新后的第一代知识分子与明治国家共同成长起来。他们……或多或少都有一种将明治日本与自我同一化的倾向。这一倾向之所以得到强化，一方面是因为德川时代以来儒学教养中的"修身齐家治国平天下"的理想；另一方面，则是因为他们所接触的19世纪西方文化所带有强烈的"民族主义"色彩。然而这个时代并非没有例外。❶ 第一种例外是当时所谓的"自然主义"小说家。❷ 第二种例外是有岛武郎（1878—1923）和永井荷风（1879—1959）。❸
		永井荷风 (1879—1959)	为声张某种价值的自杀行为，无论这一价值是政治的还是情感的，还是关乎一些琐碎的责任的，无论是怎样的价值，自杀行为在我们国家通常得到了相对正面的评价。自我牺牲本身存在某种价值，更何况，通过歌舞伎和净琉璃，对为情而死的赞颂也成为大众文化的一部分。创作《猥谈》(1924) 的荷风是一个例外。他不探讨自杀行为，而是将其前提条件问题化，谴责了"奸夫淫妇"的"私通"行为。这与其说是批判，不如说已近乎仇恨。❹
		山川均 (1880—1958) 羽仁五郎 (1901—1983)	当然也存在例外（譬如山川均与羽仁五郎的部分作品），不过马克思主义历史学家文章的乏味，与马克思自身在德语写作中自在的修辞产生了鲜明的对照。❺

---

❶❷　加藤周一『日本文学史序説　下』、筑摩書房、1980 年、第 401 頁。

❸　同上，第 402 頁。

❹　同上，第 407 頁。

❺　同上，第 452 頁。

如表 1 所示，加藤周一通过某种自己设定的基准判断人物及其思想性质，并在日本的各个时代定义了知识分子的"例外"。至于"例外"中包含的具体内容，笔者放到下面的章节详细分析。当然，加藤周一完全有可能在日常用语的意义上使用"例外"一词。他的论述中偶有前后矛盾之处，这似乎正印证了他在某些时候使用这个词，包含了一种无意识。然而笔者认为，加藤周一在绝大多数的情况下都在有意识地征用"例外"概念，这是显而易见的。那么，如果他是有意识地谈论，其曲折的脉络中究竟蕴藏着怎样的意义呢？

对于这个问题，加藤周一对自然主义小说家正宗白鸟的评价是一个典型。加藤周一认为，在西方文化的挤压下高扬"民族主义"的 19 世纪日本社会，自然主义小说家是一群"例外"。然而，加藤周一又在其后对 19 世纪末到 20 世纪初的论述中对日本的自然主义展开猛烈的批判。在他看来，日本自然主义小说家只按照自己的需要汲取了 19 世纪西方小说中类似左拉的科学主义世界观或陀思妥耶夫斯基的宗教论述，因而日本的自然主义小说"世界观极为狭窄，内容仅限于作者身边的琐事"，在本质是上是"无理想"且"反智主义"的。❶

> 他们并没有误读 19 世纪的西方小说，而是只读到了其中自己需要的部分。
>
> ……

---

❶ 加藤周一『日本文学史序説 下』、筑摩書房、1980 年、第 384 頁。

他们把心思都花在自己的日常生活上，没有工夫考虑社会整体。❶

此外加藤周一还认为，日本的自然主义小说家尽管强调自身与日本文学传统的断裂，但在本质上无意识地继承了这套系统。❷ 关于自然主义小说家，加藤周一这样评论道：

诚然，自然主义小说家没有明确表现出与明治国家趋同的意图，对社会整体的走向也不关心。然而我们马上会看到，他们看似只以身边琐事为主题进行创作，实际却极大参与了当时社会的变化。并且，尽管他们本人毫无意识，但这些小说的世界观其实完整地继承了从平安时代开始的那套日本美学（尤其是其中的时间和空间意识）。❸

在加藤周一看来，日本由集团主义形成的本土世界观的表象之一，就是平安时代封闭的阶级在一个限定的空间中，不厌其烦地描写琐屑之事的细致日本美学。显然，加藤周一在这里讽刺的是那些自认为与这一美学传统产生断裂的自然主义小说家，却在无意识中将这套作为本土价值观的美学，编入自己所谓的新式文学之中。

只不过，在这群作为例外的自然主义小说家中还有一个"例

---

❶ 加藤周一『日本文学史序説 下』、筑摩書房、1980 年、第 384 頁。
❷ 同上，第 390 – 391 頁。
❸ 同上，第 332 – 333 頁。

外",也就是例外中的"例外"——正宗白鸟。❶ 加藤周一指出,在自然主义小说家为他们描写的日常性空间的琐事赋以"人生真相"之名以区别于基督教式的"空想"层面上,正宗白鸟并无任何不同——在这一意义上,他并非"例外"。但在另一意义上,他却是"例外"。这是因为正宗白鸟对"人生真相"的探索,是基于"脱离日常生活的凡庸"❷ 的愿望。只有正宗白鸟一人堂堂正正地表达了隐秘地为当时日本社会所共享,却任谁都难以启齿的"西方崇拜"。

只有白鸟,出于一种近乎自虐的对"真相"的追求,直言了那个被所有人共享的事实。❸

加藤周一一方面将自然主义小说家还原至当时的历史脉络,指出其作品对平安时代以来传统的继承;另一方面他又以"例外"一词表现正宗白鸟的两面性,以迂回的逻辑抽丝剥茧地梳理真相或事实。在此,本该只在特定语境中发挥作用的"例外"一词,部分脱离了这个语境,以"例外中的例外"这类暧昧的表达将真相层层包裹起来。如此说来,不妨将"例外"一词理解为加藤周一在串联起个别的人、事、物的过程中出现的副产品,姑且将其指代暂时脱离定式化的时代潮流,站在"并非如此"立场的那些东西。"例外"既是内在于加藤周一"本土世界

---

❶　加藤周一『日本文学史序説　下』、筑摩書房、1980 年、第 384 頁。

加藤周一写道:"第一种例外是当时所谓的'自然主义'小说家。他们来自地方(富农、商人家庭、武士的底层),就学于东京私立学校,以文学为志,从一开始就封闭在明治官僚国家内部的出人头地的道路上。"

❷　加藤周一『日本文学史序説　上』、筑摩書房、1975 年、第 390 頁。

❸　同上,第 391 頁。

观"的概念性工具,也包含了其本人在叙述上的某种暧昧性。然而,正是在加藤周一自身也难以厘清的"例外"的暧昧性中,存在一种普遍的、超越性的"真实"和"真相"。关于这一点,笔者将在第三章末尾详细论述。

综上已经看到,对"孤高的系列"和"例外"这些词汇,加藤周一将其含义既放在特殊性里,也不时放在普遍性中。这种暧昧性使我们不得不承认,以上述两个概念为代表的加藤周一思想本身也存在一种复义性。

1977 年加藤周一出版合著《日本人的生死观》,该著作与其"例外"概念相关。书中,加藤周一讨论了乃木希典、森鸥外、中江兆民、河上肇、正宗白鸟和三岛由纪夫六人,意在阐明"历史中的个人"的"普遍经验"中包含的"复杂纹样"。❶ 在分析了这六名"例外的存在"之后,加藤周一展开了对集团的批判——集团往往被神圣化为普遍价值,然而集团的普遍价值只是在某个特定范围内适用的对普遍性的假设,是"普遍性价值在浅表层面的歪曲"。加藤周一进一步指出,普遍价值是"通过单个人的行动,且通常是单个人的集体性行动方才得以实现之物"。❷ 换言之,"例外"是个人和个人的行动,是实现普遍价值观的唯一方法。

如果说加藤周一在《日本人的生死观》中仅以六人为对象论述了"例外",那么在《日本文学史序说》中就是把一系列"例外"串联成一根轴,组成"孤高的系列"。而要明确加藤周

---

❶ 加藤周一・M. ライシュ・R. J. リフトン『日本人の死生観 上』、矢島翠訳、岩波書店、1977 年、第 8 頁。

❷ 同上,第 247 – 251 页。

一频繁使用"例外"概念时所包含的真意，就要回到《日本文学史序说》中知识分子"孤高的系列"的源头，回访那些被称为"例外"的人物及其作品。其中，《万叶集》诗人山上忆良是一个需要重点考察的对象。接下来，就请跟随笔者，一起拉长焦距，回溯日本历史时空长河的源头吧！

第三章

山上忆良："例外"知识分子的原点

一　《万叶集》的时代

奈良时代是日本古代国家形成的阶段。众所周知，日本在当时形成了律令国家的雏形，并为了完善这一体制，向大唐派了多名遣唐使。当时的时代特征之一是佛教的兴盛，日本各地开始大力开展兴建东大寺大佛等大规模的佛教事业。同时，《古事记》、《万叶集》和《日本书纪》也被相继编纂成书。对于当时以《万叶集》为代表的日本文学，加藤周一在《日本文学史序说》中做出如下评价：

> 抒情歌的中心是恋歌这点并没有变化。在那里表现出的世界观是彻底的此岸性的，遵从创作者此时此地的情感活动，不企图植入任何超越性原理或价值，这一点还停留在 7 世纪及以前的框架内。即便在天平佛教美术的黄金时代，佛教的彼岸思想也没能俘获贵族统治阶级的心。尽管他们的知识主要来自对大陆文化的学习，但中国文学观中触及政治和社会问题的喜好几乎没有出现在《怀风藻》或《万叶集》这类文本中。7 世纪到 8 世纪的统治阶级文学便是如此，在此岸的本土世界观的框架内向现世享乐主义的方向发展。其以短歌为体裁，将书写题材限定在身边日常的光景，呈现出一种将感觉精致化的倾向。❶

根据加藤周一的看法，7 世纪及以前日本的世界观是"此岸

---

❶　加藤周一『日本文学史序説　上』、筑摩書房、1975 年、第 85 頁。

性"的,以"创作者此时此地的情感活动"为原动力。这一朴素的"本土世界观"支配了当时整个日本,它不会受到任何超越性的理念和价值观的影响,其结构也不以社会身份阶级为区分。

> 《万叶集》表现的本土世界观结构,在首都与地方、贵族官僚与农民群众之间,没有根本的不同。它是此岸的,非超越的,指向日常世界的现在。即便接触过大陆文化,尤其是儒佛和神仙思想,至少在《万叶集》时代,这种结构并没有任何改变。在行将到来的时代中可以预测的,便是这一本土世界观对外来文化的"日本化"、自身内容的"分化"和表现手段的"精致化"。❶

换言之,加藤周一的"本土世界观"基于《万叶集》时代日本人的思想结构。这个结构几经与外界思想的交流,却仍旧被保留下来,并在之后的时代对外来思想做出"日本化"、"分化"和"精致化"。也就是说,《万叶集》时代形成的"本土世界观"是日本世界观的起点,也是此后日本思想的积淀。

"万叶诗人"山上忆良自然也是在那一时期共享这种"本土世界观"的日本知识分子。然而加藤周一将山上忆良看作例外。这是因为在他看来,山上忆良拥有与当时日本人不同的视点。加藤周一称这名遣唐使为"天才","在大唐的土地熟读汉语诗文,理解了儒、佛的思想,回国后扩大日本抒情诗的格局,书写出独特的杰作。"同时,"在应对外国文化的'挑战'过程中创造出

---

❶ 加藤周一『日本文学史序説 上』、筑摩書房、1975 年、第 92 頁。

杰作的少数派知识分子的文学,贯穿了忆良以后的日本文学史。由这些知识分子形成的系列,就是这个时代中的孤立(高)的杰作系列"❶。这个"系列"与上文提及的加藤周一的"孤高的系列"是相同的"系列"。那么对加藤周一而言,山上忆良是怎样的人物呢?

首先来看看山上忆良作品的题材。其一是对妻儿的依恋。加藤周一列举了一些表现丈夫为了早些回家见到妻儿而离开宴会的诗句。其二是年迈的悲凉。其三是贫困、饥寒交迫和酷吏。这些都是在此后的时代不再入诗的主题。山上忆良以这些题材为歌咏对象,其作品是抒发自身感触的表达。至于他为何产生这些感触,据其所言,是因为山上忆良看到了其他诗人看不到的东西。然而,使这些东西在山上忆良那里变得可见的,不是他某种自发的情绪,而是他始终对包括自身在内的一切对象保持着知性距离。加藤周一进一步指出,那是山上忆良意识到了"大陆文学"并对其进行模仿的结果。

> 忆良并非因为效仿大陆文学才创造出我们日本国家独特的文学。更应该说,忆良通过大陆文学习得了一种与现实保持知性距离的技巧,从而扩宽了日本文学的眼界。❷

换言之,山上忆良没有简单地模仿大陆文学,而是经由它创造出自身的文学表达,拉开自身与现实之间的"知性距离"。他以一介日本人之眼,观察当时日本社会的现实。山上忆良的独特

---

❶ 加藤周一『日本文学史序説 上』、筑摩書房、1975 年、第 85 頁。

❷ 同上,第 82 頁。

性和例外性，正在于他看到了这一现实。不过此处的问题是，山上忆良并非唯一一个去往中国留学的人，也不是唯一一个模仿中国文学创作的人。所以使山上忆良具有独特性的，必然是其他要素。

可以认为，万叶时代是日本固有的文化与外来文化开始产生碰撞的时期。在加藤周一的结论中，这个时代的"日本性"将此岸和现世视作唯一的真实的特征，是极端的此岸和现世的。山上忆良的汉语素养不可谓不高，对佛教经典的理解也不可谓不深刻。他正是运用熟练的汉语和极高的文学理解力，将自己独特的世界观置于从大陆文化抽离的自身和眼前的日本现实之间，并如实地反映了出来。换言之，山上忆良的诗句，正是因为同时具备了日本人的感受性和大陆文学的超越性视点，才有了被创作出来的可能。在此意义上，山上忆良虽是日本人的"例外"，但又有一种普遍性。这就不难理解加藤周一为何用这一人物作为某种"日本性"之轴的开端了。

山上忆良这种既"例外"又普遍的知识分子，便是加藤周一口中的"忆良型"知识分子。然而，如果说山上忆良是"例外"的原点或典型，那么加藤周一又是基于怎样的意义谈论这个"例外"的呢？对于此，加藤周一并没有给出具体的定义或解释。为了更好地理解"例外"概念，有必要暂离加藤周一的语境去考察山上忆良，以最能够体现他本人世界观的汉文为切入点，接近他的思想。笔者想基于此，尝试展开对"例外"的考察。

二　山上忆良的汉文

　　山上忆良是日本天平时期的重要诗人，其以卓越的思想性的独特的文学表现方式，在万叶诗人中独树一帜。据说，山上忆良在无一官半职的情况下，被选为遣唐使少录，而后任职伯耆国守，直至侍奉东宫——有这样的经历，皆是因其通晓汉文的缘故。虽然有许多关于山上忆良作品受到中国文学影响的研究，但也有一些研究根据他文本中时常出现的佛教用语，讨论其对佛教的接受。山上忆良留下了许多作品，其中特别值得注意的是他的诗文与汉和组诗。本节将通过细读山上忆良的作品文本，探索其用语中蕴含的思想和世界观，而结论将放到下一节。

　　山上忆良在自己的包括汉文作品在内的创作中，不断展现着人类所背负的"生""老""病""死""无常""爱别离""贫穷"等现实苦难，《沉疴自哀文》就是其中的典型之一。《沉疴自哀文》是《万叶集》中唯一的散文，正如人们熟知的那样，是山上忆良在去世前写就的作品。据小岛宪之的说法，"总之这是'万叶作品群'中极具代表性的作品之一，承载了忆良在衰老和疾病中的痛苦心情"，"叙述过程包含种种复杂难解的要素，无法仅从表面的哀叹或慨叹去理解"。❶ 此外，土屋文明在《万叶集私注》中认为，该文"无疑是解读忆良教养和思想的跳板，

---

❶　小島憲之「山上憶良の述作」、『上代日本文学と中国文学：出典論を中心する比較文学的考察　中』、塙書房、1964 年、第 988 頁。

也是理解其作品全貌的关键"。❶ "复杂难解"的一个主要原因，在于山上忆良独特的汉文表现和对汉典、佛典的引用态度。读他的作品，便会发现其中对汉典、佛典的引用与文章脉络之间似乎存在差异。在笔者看来，"复杂难解"来自山上忆良独特的逻辑。为了理解这一问题，就需要考察他本人的思想与儒教、佛教和神仙思想的关系。例如，山上忆良作品对汉佛典籍用语或《抱朴子》的引用，在其文章脉络中起到了怎样的功能，包含了怎样的具体含义。

《沉疴自哀文》一方面令后世学者苦恼不已；另一方面，它的叙述也被看作反映山上忆良独特性的典型例证之一。这正是因为山上忆良在基于自身逻辑的创作过程中，将文体形式和具体表现作为材料纳入表达。如果说前行研究已证明了山上忆良文体的异质性，那么在笔者看来，这种异质性正是由其独特的逻辑过程催生的。对于这一逻辑，简言之，是不直接模仿任何当时已有的文体，而只采用其中对自身有用的部分。

接下来，笔者将通过细致的文本梳理，解析山上忆良叙述中基于自身理解之上的独特表现手法，考察山上忆良作品的世界观是如何在大陆文学和佛学的背景下展现其独特的"日本性"的。感到冗长的读者，可以直接跳至下一节的结论。

在《沉疴自哀文》的开头，山上忆良描述了自身的病症和病痛，并开始思考患病的原因。引文中括号的内容为其本人的批注。

---

❶ 土屋文明『万葉集私注』、筑摩書房、1969 年、第 224 頁。

原文：

　　竊以、朝夕佃食山野者、猶無災害而得度世、（謂常執
弓箭不避六齊、所值禽獸不論大小孕及不孕並皆煞食、以此
為業者也。）晝夜釣漁河海者、尚有慶福而全經俗。（謂漁
夫潛女各有所勤、男者手把竹竿、能釣波浪之上、女者腰帶
鑿篭、潛採深潭之底者也。）況乎、我從胎生迄于今日、自
有修善之志、曾無作惡之心。（謂聞諸惡莫作諸善奉行之教
也。）所以礼拜三寶、無日不勤、（每日誦經、發露懺悔
也。）敬重百神、鮮夜有闕。（謂敬拜天地諸神等也。）嗟乎
媿哉、我犯何罪、遭此重疾。（謂未知過去所造之罪、若是
現前所犯之過、無犯罪過何獲此病乎。）❶

译文：

　　想来，原野山林中朝夕狩猎、以鸟兽为食之人，亦能风
平浪静走过一生，（弓箭时常在手，不顾每月六天禁猎之期，
不问鸟儿大小，有无幼子，统统猎之食之，以此生活之人。）
江河湖海中昼夜垂钓捞捕的打渔之人，亦能和和美美度过一
世（渔夫海女各司其职：男子持竿以高明之技垂钓波涛之
上，女子作笼潜入渊底猎物采食。）无须赘言，我自问生于
此世，常持修善之志，未曾怀作恶之心（奉行佛经"诸恶
莫作，众善奉行"之教诲。），因而礼拜佛、法、僧三宝，
一日不敢怠慢（日日诵经，悔过自忏）；尊神敬佛，一刻未
曾松懈（敬拜天地诸神）。呜呼，愧哉！我犯何罪，遭此重

---

　　❶　小島憲之・木下正俊・佐竹昭広校訳『万葉集（2）日本古典文学全集3』、
小学館、1972年、第100頁。

疾？（不知是过往造的孽，还是现在犯的错？若无过错，何至于重病至此？）

　　本段描写了一名老者每日礼拜诵经，遵从神佛教诲，坚持行善，在饱受病痛折磨之时祈求拯救的光景。然而这是山上忆良本人的肖像吗？若是，这个人物形象就与他的其他叙述逻辑产生了矛盾。那他又怎么会写出这样的诗句？而在"所以维摩大士在于方丈，有怀染疾之患，释迦能仁坐于双林，无免泥洹之苦"（《无题汉文序》），"所以维摩大士疾玉体于方丈，释迦能仁掩金容于双树"（《悲叹俗道》）等句，则反映了山上忆良认为，佛亦不免一死，神佛皆非万能的观点。此外，老者笃信教义的形象，也与同文前段的"以此而观，乃知我病盖斯饮食所招而不能自治者乎"❶的科学观点相矛盾。

　　这名悲惨的老者形象同样使人想起《贫穷问答歌》中的穷人。井村哲夫认为，唱问歌的男性"也不妨理解为作者忆良的自画像"❷。然而笔者认为，这个形象绝不能与山上忆良原本的样子直接画等号。如果说这里是山上忆良在用夸大的叙述，即一种夸张的手法反映了一个比自身更为穷困潦倒之人的生活，那么《沉疴自哀文》开篇部分的山上忆良形象，也未必代表他的真实情况。因为他不是文中那样的佛教信徒。关于这一点，笔者将在下文详细展开。

　　先宕开一笔，笔者想从语言和表达方面考察《沉疴自哀文》

　　❶　小岛宪之・木下正俊・佐竹昭广校訳『万葉集（2）日本古典文学全集3』、小学館、1972年、第108页。
　　❷　井村哲夫『万葉集全注　卷第五』、有斐閣、1984年、第194页。

的中心思想。"朝夕佃食山野者，犹无灾害而得度世，昼夜钓渔河海者，尚有庆福而全经俗"——其中，"得度世"和"全经俗"两个短语，从汉文词义和语法上考虑，后者似乎很难理解。根据《说文解字》❶ 的解释：经，织也，从纟……所谓"经"，指的是织物的纵线。《管子·重令》中有"朝有经臣，国有经俗"一句，此处的"经俗"指重视常道的风俗。《万叶集考证》❷中写道：管子重令篇，注经常也——将"经"解释为"常"之意。《万叶集评释》❸ 中则写道：经俗乃为全，俗为佛教中的一般世间，无一例外存在之物。根据《万叶集私注》❹：经为常，恒常、普通，俗为民之所在，经俗为普通人生，命定。《万叶集评释》则援引《抱朴子·塞难》的"率有经俗之才，当涂之伎"，指出"经俗"与"度世"同义。《万叶集全注释》❺ 也认为：经俗与度日意同，指生活。根据以上背景，小岛宪之指出："'经俗'为'经世济俗'之意，忆良文中'度'与'经'同义，'世'与'俗'同义，指生活，按照《抱朴子》的理解，更有长生之意。"❻ 换言之，"经"与"俗"分别作为动词和名词使用。那么在实际的汉文中，"经俗"通常是什么含义？至少在"全经俗"意义上的使用是非常少见的。

---

❶　许慎：《说文解字》，江苏古籍出版社，2001 年。
❷　岸本由豆流『万葉集攷証』（万葉集叢書第五）、古今書院、1924 年。
❸　窪田空穂『万葉集評釈』、角川書店、1966 年。
❹　土屋文明『万葉集私注』、筑摩書房、1969 年、第 214 頁。
❺　武田祐吉『万葉集全註釈』、角川書店、1956 年。
❻　小島憲之「山上憶良の述作」、『上代日本文学と中国文学：出典論を中心する比較文学的考察　中』、塙書房、1964 年、第 997 頁。

原文:

拨乱惟武,经俗以文。作乐在乎功成,制礼弘于
业定。❶

译文:

平息动乱倚靠军事,治理世间须用文才。谱写歌曲以功
成名就,制定法规以安定天下。

上文中,"拨乱"和"经俗"是对应的,也可理解为近义
词。此处的"经俗"就绝非度日之意。抽象地说,是以道理治
国的意思。

《抱朴子·塞难》❷的"率有经俗之才,当涂之伎"一句中
的"当涂",一方面指投身时代洪流,入世济人的人物;另一方
面在某些时候也含贬义,指傲慢的权力者或极富影响力之人。

原文:

自和、安之后,世务游宦,当涂者更相荐引,而符独耿
介不同于俗,以此遂不得升进。❸

译文:

自和帝、安帝之后,流官盛行,权势之人互相引荐,唯
王符耿直,不与世俗相同,故无法升迁。

---

❶ 参见《四库全书·南史》(卷六十,列传第五十),"徐悱传"。
❷ 葛洪:《抱朴子》,商务印书馆,1929 年。
❸ 参见《四库全书·后汉书》(卷四十九,王充王符仲长统列传第三十九),
"王符传"。

此处是"当涂"的形容词用法。总之，此处与"当涂"对应的"经俗"为同义的二字词语，从《抱朴子》的上下文来看，应为治理国家大事之意。另外，尽管小岛宪之解读了"经世济俗"的含义，但"经世"往往被这样使用：

　　此数子者，气足以冠时，才足以经世。❶

　　臣凡鄙小人，才不经世。❷

以上两例中，"经世"都与"才"紧密相连。因此有充分理由认为，这里的"经世"指的是治国的才能，很难被理解为度日的意思。然而，山上忆良却在度日的意义上使用该词，也正如小岛宪之所言，"经"和"俗"是作为两个词出现的。由此可以看出，山上忆良一方面从汉典中汲取思想和文学表达的养分，另一方面可能是照搬文字并为其赋予完全不同的独特含义。

"从胎生"也是一例。根据《万叶集私注》的解释，"胎生"是"从母腹降生直至今日"。《万叶集评释》则将其解释为"在母胎中发育并降生"。《万叶集全注释》认为，胎生为四生之一，佛教用语，指完全成形后降生。《万叶集评释》同样将"胎生"理解为"四生之一，指从母体降生"。《新日本古典文学大系》更将其解释为"自我获得生命以来"。

正如以上所指出的，"胎生"、"卵生"、"湿生"和"化生"并列为佛教用语中所谓的"四生"。鸟类为"卵生"，蚊虫为

---

❶ 参见《四库全书·晋书》（卷八十五，列传第五十五）。
❷ 参见《四库全书·晋书》（卷七十三，列传第四十三）。

"湿生"。类似神佛和菩萨等不经母体或卵等媒介、以超自然的形式突然降生的情况，叫作"化生"。

"胎生"一词不常见于日本古代典籍，但在中国古典中，往往被理解为"出生方式"之一，被使用在一般的出生方式分类中。

原文：

胎生者不殰而卵生者不殈，则乐之道归焉耳。❶

译文：

使胎生者不死胎，卵生者不破卵，此为乐道之所归。

另外，"从胎生"的说法在汉语的佛教典籍中十分少见。取而代之的是"受胎生""出胎生"等词组。

命终已后。即生天上。及至今日。最后之身。受胎生于迦毗罗城剃发师家。名优波离。❷

……如彼尸毗王。或生人道中，身处于行厕。动转极大苦，出胎生恐怖❸

山上忆良没有直接使用上述表达方式，而用了"从胎生"一词。"从"是副词，表"自"，而"胎生"是名词。"从"作为时间的起点，往往接续表示地点或时间的名词。《唐诗概说》

---

❶ 参见《四库全书·史记》（史记卷二十四，乐书第二）。
❷ 参见《大藏经·佛本行集经》（第五十四卷）。
❸ 参见《大藏经·佛所行赞》（第三卷）。

认为，"自""从""来"表示事物发端的时刻或地点，例如"山头水从云外落，水面花自山中来"。❶"从今"意为"自现在开始"，"从此"意为"自现在以后"。也有"自从"的连用，表示"自……以来"之意。然而，没有"从胎生"的说法，也找不到"自胎生"或"胎生来"的用例。总之，山上忆良不使用"受胎生"或"出胎生"的"受"或"出"，而使用"从"字。"从胎生"可以断句为"从/胎生"，但此处更应断句为"从/胎/生"，而"胎生"大约是从胎中出生的含义。要言之，此处的"胎生"不仅指一种出生方式，还指代以"胎生"这一方式出生。

此处的问题在于，"从"接续的是"胎"这一名词，还是"胎生"这一出生的节点？换言之，山上忆良使用"从"所强调的是"胎"，还是"胎生"这一诞生的时刻？如果是前者，可认为他是站在一种科学甚至是唯物主义的立场描述的。如果是后者，则应该认为山上忆良处理的是以自己出生为起点，到写作《沉疴自哀文》的时间点为止的人生中的"过去"部分。与此同时，它也与笔者将于下文分析的"现前"一词的使用方法密切相关。无论如何，应当可以认为，山上忆良在此处完全没有基于佛教用语的意义使用"胎生"一词，而是以自己的方式为业已存在的"胎生"一词搭配"从"，继而表示"自我出生以后"之意。"从"与"胎生"这样异常的组合所带来的反差，令人感受到山上忆良是在有意避开佛教的意味，而采用更符合自身风格的科学式的记述方式。这同样是山上忆良在用词方面具有创造性的

---

❶ 小川環樹『唐詩概説』、岩波書店、1958 年、第 216 頁。

依据之一。

上述用法，在以《沉疴自哀文》为代表的山上忆良的汉文作品中随处可见。与上文"从胎生"相关的，还有山上忆良批注里的"过去"与"现前"的问题，正如"嗟乎魂哉，我犯何罪，遭此重疾。（谓未知过去所造之罪，若是现前所犯之过，无犯罪何获此病乎。）"一句。然而，"现前"的汉文用法可列举如下：

> 若不信此法。无有是处。除佛灭度后现前无佛。❶

> 夫禀闲明之德，怀深妙于心，岂非修习有本，故能依止无倦。义兴等诸公主，忘斯华重，甘此翘到，并宿世之所记别。故现前所以信了，影响至真，寤寐玄极，人各增到，仰为诸公主，归命敬礼云云。❷

> 多历年所复寡英才。粤我大梁。炎图启运。皇帝含天苞地之德。春生夏长之仁。以本誓愿率化斯土。梵轮常转三宝现前。甘露聿宣四部无厌。❸

从这些例子看来，"现前"似乎强调"现在""眼前"等含义。那么，山上忆良注释中与"现前"一同使用的"过去"，又是什么意思呢？从下面的例子可以了解到，汉文中"过去"往往与"现在""未来"相对应，指"前世"，即叙述者所处时代

---

❶ 参见《大藏经·妙法莲华经》（卷第一）。
❷ 参见《四库全书·全梁文》（卷五十二）。
❸ 参见《四库全书·广弘明集》（卷第二十）。

之前的时代。

　　即于辛寺出无忧王过去现在因果。❶

　　一切外道亦复如是。闻佛菩萨无上良医说言，当解心识，外道等执于常见。便谓过去未来现在唯是一识无有迁谢。❷

　　过去之世有一山羌。偷王库物而远逃走。尔时国王遣人四出推寻捕得将至王边。❸

如果"过去"指"前世"，那么"现在"也往往指的是"现世"。例如：

　　三世负荷群生。现在破暗当来掴网。❹

　　冥冥随业反本何期。来际莫知现在焉识。❺

　　过去烦恼名为无明。过去业者则名为行。现在世中初始受胎是名为识。❻

---

❶　参见《高僧传》（卷第三），"求那跋陀罗十二"。
❷　参见《百喻经》（卷第三），"病人食雉肉喻"。
❸　参见《百喻经》（卷第一），"山羌偷官库喻"。
❹　参见《弘明集》（卷第十），"太子中庶陆果答"。
❺　参见《四库全书·广弘明集》（卷第七），"辩惑篇第二之三"。
❻　参见《大般涅槃经》（卷第二十七）。

> 过去世心不名解脱。未来世心亦无解脱。现在世心不与
> 道共。何等世心名得解脱。❶

如此，"前世"对应"现世"，"过去"对应"现在"。如果"现前"是"眼前"的含义，则应该不能理解为对应"过去"和"未来"的"现世"之含义。相反，"现在"是对应"过去"和"未来"的"三世"中的"现世"。总之，"现前"的意思不是"现世"，但"过去"的意思是"前世"，因此"现前"与"过去"应该不是一对词。这就又出现了一个反差。正如"现前"本应意味着"现在"和"眼前"，所以"过去"的原意也被山上忆良修改了，它不再意味着"前世"，而是意味着这一世，即现世的过去部分。

关于"从胎生"一词，芳贺纪雄以"童子始从胎内，至年十六"为例，推测山上忆良是将此文中"胎内"的含义套在不经意间看到的佛教用语上，"因此，他所谓的'过去'也不追溯到出生之前，换言之，忆良丝毫没有将'无始时来的业'这一佛教的根本概念放在心上"❷。先前笔者也提到，山上忆良的"胎生"一词没有佛教的意味，只是自己从"胎"中"生"的意思。如果可以将"从"理解为"胎生"这一自己出生的事实起点，那么就可以认为，山上忆良《沉疴自哀文》书写的是从出生这个起点到写作文章这个终点为止的时间——换言之，山上忆良是在现世的人生中思考"过去"和"现前"的问题。

---

❶ 参见《大般涅槃经》（卷第二十五）。
❷ 芳賀紀雄「理と情：憶良の相剋」、『万葉集研究　第 2 集』、塙書房、1973年、第 277 頁。

如果认为山上忆良从佛教经典中拾得“胎生”和“现前”这类词汇，却将其转化为自己想表达的含义的话，此处恰恰出现了一个疑问：上文提到，有研究认为《沉疴自哀文》的开头描述的笃信佛教的老者是山上忆良本人的肖像，若如此，为何他偏偏将一个佛教信徒本该忠实使用的佛教用语，歪曲成了其他意思呢？在笔者看来，这是因为山上忆良确实并非那样忠诚的信徒，文章开头部分的记叙也确实存在夸张。正是在对用语做出改变的种种细节中，才得以把握真实的山上忆良。若要问他是否相信“前世”或“来世”，答案恐怕是否定的。最后，文章是这样结尾的。

原文：

　　抱朴子曰、神農云、百病不愈、安得長生。帛公又曰、生好物也、死悪物也。若不幸而不得長生者、猶以生涯無病患者為福大哉。今吾為病見悩、不得臥坐。向東向西、莫知所為。無福至甚、惣集于我。人願天従。如有實者、仰願、頓除此病、頼得如平。以鼠為喩、豈不愧乎。❶

译文：

　　抱朴子写道：“神农说：‘百病缠身而不得治，怎能长生？’”帛公也说：“生令人喜爱，死令人憎恶。”若没有长寿的幸运，能得一生无病，也是莫大的福气。如今我受病痛百般折磨，坐卧不宁，无以聊赖。万般不幸皆朝我来。人们

❶　小島憲之・木下正俊・佐竹昭広校訳『万葉集（2）日本古典文学全集3』、小学館、1972年、第103頁。

常说"上天有求必应"。果真如此，我愿仰天相求，即刻除我病痛，予我平安。被视作老鼠，岂不羞愧！

其中的"向东向西，莫知所为"令人想起山上忆良《老身重病经年辛苦及思儿歌等歌一首并短歌》中的"思之诸恼，不觉号啕泪下"（かにかくに、思ひ煩ひ、音のみし泣かゆ）。可以看出，此处表现的是一种不知如何是好的苦恼老者形象。这一老者的姿态呼应着《沉疴自哀文》开头部分的描写，即文章开头"礼拜三宝"，文末"仰愿"向天祈求，期待愿望得以实现。如此看来，《沉疴自哀文》是首尾呼应的结构与"向东向西，莫知所为"的形象，也是山上忆良放大和夸张自身经验的结果。山上忆良以此承载自身的忧虑，在文章的开头与结尾，以夸张的手法将自身投射到承受着更大痛苦的世人身上，又在经过了种种忧虑后，在结尾处再次回到最初的烦恼与痛苦状态，悲叹无力改变现状的自己。就这样，《沉疴自哀文》完成了"情"—"理"—"情"的循环。

《沉疴自哀文》结尾的"以鼠为喻"，指的是前文提到的"死"后的经历。换言之，整句话表达的是，一想到死后甚至不如一只老鼠来得有用，便产生了巨大的羞愧心情。同样，文章开头也有一句"嗟乎魂哉，我犯何罪，遭此重疾"。所以，笔者想再考察一下用于文章开头和结尾的"魂"和"愧"二字。

井村哲夫对于《沉疴自哀文》最后部分是这样解释的：抱朴子以鼠为喻说生死，即如果在人们眼中死人甚至不如一只老鼠，"我"则无法忍受这种耻辱。此处出现的问题是，《沉疴自哀文》开头和结尾的"耻"是否是同一种情感。关于汉字

"媿"和"愧"，《说文解字》的释义是；媿，惭也，愧同媿；《集韵》则依据这一认识：媿，说文，惭也；《尔雅·释言》中也是"愧，惭也"。此外，《汉书》中颜师古注为"媿，古愧字。愧，辱也。"接下来，笔者也对这两字是否同义稍作考察。

原文：

（1）外间谤讟，知之久矣，心苟无媿，何恤人言。❶

（2）而荀颛以制度赞惟新，郑冲以儒宗登保傅，茂先以博物参朝政，子真以好礼居秩宗，虽媿明扬，亦非遐弃。❷

译文：

（1）早已得知外面有人诽谤，但若心中没有内疚，何必在意旁人说什么？

（2）荀颛以法度协助改革，郑冲以儒学位及保傅。茂先以广闻参与朝政，子真以好礼官居秩宗。以上种种，虽不足挂齿，也不容小觑。

以上两个例句可以看出，"媿"是"羞耻"之意，既可表示在强大的对手面前察觉自身不足时的胆怯之情，也可作为获得与自身实力不相符的赞誉时表示谦虚的修辞。极端一些说，类似一种"自卑"情结。

---

❶ 参见《四库全书·南史》（卷七十七），"恩倖"。
❷ 参见《四库全书·晋书》（卷九十一，列传第六十一），"儒林"。

根据《操觚字诀》❶，"愧"字源同"丑"，指在对方面前因自身的丑陋而产生的羞怯之情。"媿"词义相同，表示关于自身的羞耻情绪，由于多见于妇女，故冠以女字旁。从以下引文可以看出，这样的说法基本是成立的。

原文：

（1）项王笑曰："天之亡我，我何渡为！且籍与江东子弟八千人渡江而西，今无一人还，纵江东父兄怜而王我，我何面目见之？纵彼不言，籍独不愧于心乎？"❷

（2）故官非其任不处也，禄非其功不受也；见人不正，虽贵不敬也；见人有污，虽尊不下也；得不为喜，去不为恨；非其罪也，虽累辱而不愧也。❸

（3）聘曰："先日不能辅弼刘荆州以奉国家，荆州虽没，常愿据守汉川，保全土境，生不负于孤弱，死无愧于地下，而计不得已，以至于此，实怀悲惭，无颜早见耳。❹
译文：

（1）项王笑道："天要亡我，我又何必渡江！况且当年我与江东子弟八千人渡江往西，如今无一人生还，纵然江东父兄怜悯我，立我为王，我又有何面目见他们？即便他们不说，我难道不会在心中感到惭愧吗？"

---

❶　吉川幸次郎・小岛宪之・戸川芳郎编『操觚字訣』（漢語文典叢書 第五卷）、汲古書院、1979 年。

❷　参见《四库全书・史记》（卷七），"项羽本纪第七"。

❸　参见《四库全书・史记》（卷一百二十七），"日者列传第六十七"。

❹　参见《四库全书・三国志》（卷十八，魏书十八），"文聘"。

（2）因此不是所能胜任的官职就不担任，不是所应得到的俸禄就不接受；心术不正之人虽位居显位也不必尊重；怀恶不悛之人虽高居尊位也不必屈就；得到荣华富贵也不以为喜，失去荣华富贵也不以为憾；如果不是自己的过错，虽牵累受辱也不感到羞愧。

（3）文聘说："先前因未能尽辅佐先主守卫荆州之责，如今荆州军已覆没，我本愿据守汉川，保全领土，如此则生不辜负后主，死不愧对先主。怎料天不遂人愿，时至今日，我实在心怀惭愧，有什么脸早早去见您。"

从这三例可以看出，"愧"与前面举例的"媿"同样，在大多使用场合下都表示"羞耻"的含义。因而，《沉疴自哀文》中开头与结尾对这两个词的使用都表现了一种羞愧的情感。开头"媿"的使用场景是在自问没有罪过的情况下却身染重疾；结尾的"愧"则是对死亡带来的羞辱的想象。尤其是前者体现了山上忆良的一种自卑情结，是长年缠绵病榻、行动不便的山上忆良对周围健康之人的艳羡之情。他在《敬和为熊凝述其志歌六首》（《万叶集》卷五，第八八六）中写道：

> 心向广厦京城，身离慈母之手。翻过千山，又见万岭，不知此身之所处，不知此足之所向。都城迢迢，无以得见，唯一病体，日趋沉重，步履维艰。横卧道弯，铺柴草为床，叹故乡渺茫。若在乡里，我父来顾，若在家中，我母来护。

世路多艰，竟令我如彼野狗，倒毙街头乎？❶

诗歌以"如彼野狗，倒毙街头"为结尾。有考察认为，该诗是由他人代笔，但在笔者看来，其中明显包含了山上忆良一贯的观念。也正因如此，他才将抒怀者熊凝在羁旅途中的不幸身死以"犬死"（枉死）作比，寄予深切的同情。这一形象与《沉疴自哀文》以"鼠"自比的死亡想象重叠起来。换言之，无论借熊凝之口抒怀，还是以第一人称直抒胸臆，山上忆良都在与健康状态的比照中，为临终之人的狼狈姿态感到羞愧，因而产生某种自卑。这正是《沉疴自哀文》开头的含义。结尾也是同样，当山上忆良感到自己羸弱的将死之躯不配被称作人类，甚至不如一只老鼠时，在这个极其悲惨的关头，不禁发出"太可耻了"的悲叹。这一悲叹与开头呼应，强调了回归最初状态的无力感。

可以认为，在山上忆良的认识中，健康活着的人才是人世间的主角，是值得艳羡的对象。至于对自己这具行将就木、不久便要被自然循环吸收、永远从世间抹消的身体，则感到羞愧。此处出现了一种"死是可耻的"或"疾病是可耻的"的逻辑。加藤周一提出的日本人的"现世性格"这一特征，正反映在山上忆良的生死观之中。

从以上的具体分析可以明显看出，山上忆良一方面以从汉典中汲取的思想和文学表达为养料，另一方面却为这些借来的文字赋予独特的含义。也正是由于这个原因，他的文章才尤为"复杂难解"。为了从这种复杂性中理出一个头绪，读者既要尽量广泛

---

❶ 『万葉集二』、小学館、1972 年、第 92 – 93 頁。

地把握汉文的用例和出典并以此为基础，更要不过分依赖这些用例和释义，把每一个词语还原到山上忆良本人的语境中，发现这些词语对山上忆良的特殊含义。山上忆良从汉文和佛典中获得材料，并根据自身独特的理解和需要为这些材料赋予新的含义，这就是他汉文表现的独特性，也是正统汉典中所没有的风味。

三　山上忆良的世界观与"本土世界观"

在先前的部分中，笔者对山上忆良的汉文散文《沉疴自哀文》展开详细的分析，明确了其中独特的汉语用法；同时讨论了山上忆良的思想在这一独特性的驱动下，与汉典、神仙思想和佛教之间呈现的复杂关联，并看到了其世界观与佛教世界观的并列关系。尽管山上忆良吸收并采用了佛典或汉典里的词语，却绝非是在佛教或儒教的世界观中构筑其作品。毋宁说，他通过这些素材展开对世间的思考，并在其中构筑了自己的独特世界观。加藤周一在《日本文学史序说》中，将山上忆良这类既作为"例外"，也有某种普遍性的知识分子称为"忆良型"。加藤周一在此处将山上忆良看作"例外"，也正是由于他在作品中展现出的独特世界观。

换言之，山上忆良在大量运用内在于儒释道体系的用语的同时，也在其中表现了自己独特的观点与思考。加藤周一对山上忆良的汉文写作做出如下评价：

> 它与人生苦短、及时行乐的快乐主义的结论正相反，得到了一种彼岸思想式的结论，认为真正的"生"应该期待

"净土"。❶

加藤周一进而考察了体现山上忆良老年时期佛教思想的作品，并指出山上忆良虽然没有笃信佛教，但从他的选题方式和表达方式来看，他对儒学和佛学的理解绝不肤浅。尤其值得注意的是，加藤周一认为山上忆良"对儒学和佛学的理解并不肤浅"，其唯一的证据，便是他的诗。

加藤周一做出上述判断的原因，可以在山上忆良相关的作品中找到，尤其是作于神龟五年（728）的《日本挽歌》与三部作之一的《哀世间难住歌》，作于天平五年（733）的三部作《沉疴自哀文》、《悲叹俗道假合即离易去难留诗一首并序》和《老身重病经年辛苦及思儿等歌七首》这些作品。根据村山出的考察，"在思考忆良文学创作的时候，不应该忽视神龟五年的连作、三部作和天平五年三部作之间的关系。前者展现了忆良最基础的思想结构，而后者则是在经历了大量创作后，对自身成果的检视和报告。"❷ 换言之，通过这一系列作品，可以看到山上忆良自身从神龟五年到天平五年之间的变化。

另外，《无题汉诗文》和《日本挽歌》展现了山上忆良对"死亡"主题的最初思考。作品不仅展现了随着死亡的冷酷造访，被留在人间之人的巨大痛苦，也披露了一种认识，即这种死亡连"维摩"和"释迦"都无法避免。此外，《哀世间难住歌》在展现对死亡的认识的同时，也展现了对"老去"主题的认识，

---

❶ 加藤周一『日本文学史序説 上』、筑摩書房、1975 年、第 80 頁。

❷ 村山出「山上憶良の論」、『奈良前期万葉歌人の研究』、翰林書房、1993年、第 317 頁。

是在与年轻美好时光的鲜明对照中，对令人生厌的"老去"的实体的凝视；同年的《惑情反歌》对《畏俗先生》展开了批判，《思子歌》则叙述了爱子之心。山上忆良在这一时期作品中对"死亡"和"老去"主题的认识尚停留在初级阶段，并不如在后来作品中展现得那样深入。他在其中单纯地描画了对老与死的悲叹和伤怀，以及对生与爱的关注和享受。

然而，到了天平五年，山上忆良在类似《沉疴自哀文》的作品中，不仅描绘了一种巨大的苦痛，也展现出祈求救赎、拼死挣扎的姿态。只不过在挣扎的同时，他也开始慨叹"欲言言穷，何以言之；欲虑虑绝，何由虑之"，以此否定了忧虑的意义。这一认识联系着他在后来《悲叹俗道假合即离易去难留诗一首并序》中顿悟并放弃的态度。然而，看似顿悟的山上忆良没有为自己的思考画上休止符。恰恰相反，看似终于做好迎接死亡准备的他却在此时，不由得将目光投向可爱的孩子。在《老身重病经年辛苦及思儿等歌七首》中，山上忆良虽然抒发了如《沉疴自哀文》中那般对自己生命的欲望，但由于将爱投向了自身存在之外的孩子们，而陷入矛盾的痛苦。可以说，天平五年的山上忆良遭遇了真正的痛苦。

从最初的思索到死前得出的结论，山上忆良观察并倾听到的世间所有苦难，都在那一刻化成了自身的体验。许多被看作代笔的作品，都是在这个过程中诞生的。山上忆良体察了生活的方方面面，尝试了无数文学表现手法，最终出现在其脑海隐秘之处的思想理念，正是笔者在迄今为止的论述中一再重复的——人类的生命是宝贵的。这是无关过去和未来，而仅意味着现在的那种宝贵。在这样的宝贵生命即将终结之时，山上忆良在"老""病"

"死"面前体会到了自卑和耻辱。因为"死"是一切的终结，是无法避免的；而自己想方设法试图避开这一神佛也无法避免之事的全部思考，则是愚蠢的、无用的。从《沉疴自哀文》等作品的用语和表现，以及山上忆良自身所做批注所显示的态度来看，很明显这些思想背后的逻辑，都不是佛教式思考所能带来的。

自此，笔者通过分析山上忆良文本中修改并重新定义汉典和佛典用语的种种痕迹，观察到山上忆良源于这一独特的表现方法的创作态度与其思想的关联性。正如在对"从胎生""现前"等词义的解读中所发现的山上忆良思想与佛教的关系，同时也可以看到，山上忆良不相信"前世"或"来世"，而只看重当下拥有的人生。尽管山上忆良大量使用佛教用语，但他的思想并没有被佛教同化。相反，他只将这些词汇用作构筑自身逻辑的材料。

笔者认为山上忆良的世界观可以总结为以下三个方面：

（1）在"现前"与"过去"的对应关系中明确了一种思想：唯有"现世"的生命才"真实"、可贵，即"死是可鄙的，唯有生方才有意义"的现世主义式观点。

（2）批注"我病盖斯饮食所招而不能自治者乎"展现了尊重事实的科学主义，乃至唯物主义的观点。

（3）承认人类思考和活动的无力，承认存在一种人类无法超越的普遍界限，不强求行动结果。

山上忆良是万叶诗人，是活跃于筑紫歌坛的被贬谪的旅人，也是日本第一位有意识地将目光投向广大世间的诗人。他在一生中大量吸收了从佛学到汉典的知识，在其中构筑自己的世界观。这一世界观，与前文提及的加藤周一总结的知识分子的理想特征：尊重个别事物事实的科学精神、重视个别事物之间关系的全局性或整体性视野、拥有普遍性的世界观，基本可以一一对应。此外，他的生死观也与加藤周一从“本土世界观”中提炼的“现世主义”基本一致。只不过，在这一世界观中几乎找不到“集团性格”和“现在性格”。换言之，找不到仅限于“部分”的时间与空间的“此时”和“此处”。这也正是山上忆良被称作“例外”的原因，他既尊重真实，也拥有整体性的视野。

　　山上忆良紧贴“现世”这一现实展开独特的思考，由此形成了独特的思想以及从这一思想中诞生的自我。他的自我既源于外界有关生死的知识，也源于自身对未知的真相与真实的强烈渴望。他不试图在任何已有的知识或经验中构筑先验的“真实”与“真相”；而是相反，在承认未知或不可知的基础上，将自身换入种种具体状况的“真相”，以此思考自己的可能性。他大量引用此前中国知识分子的言说，将其作为说明自身的脚注。这些仿佛是一场与另一时空的知识分子进行现场对话般的自问自答。这一自主的行动跨越了时间与空间，建立在承认自我与他者的共性之上。

　　正如加藤周一所言，拥有现世特征的山上忆良，一方面作为万叶时代的一介日本知识分子，通过自身的汉文书写，对佛典和汉典这类外来思想做出批判性的接受；另一方面又以自己的思考和写作保持着对佛教和汉文的抵抗姿态。在此意义上，山上忆良既是万叶时代的特殊存在，也与其周围的日本人保持了某种均质性。如果将山上忆良作为一个日本人的形象考虑，则与加藤周一描述的历史长河中其他处于转折时期的日本人在本质上没有什么不同，而且山上忆良这根轴在历史时间的纵轴上也是连贯一致的。简言之，他是一个兼备本土性格和共时性格的象征。

四 联结个别与普遍的"例外"

现在，笔者为加藤周一从"杂交种文化"到《日本文学史序说》为止的一系列考察做出总结。在思考初期，加藤周一将"杂交种文化"理解为一种共时性的断面，主张应当积极认可作为"杂交种"的状态。其后，加藤周一又通过"本土世界观"这根时间轴打造了一个历时性概念。在关于"本土世界观"的议论中，加藤周一选择山上忆良作为"孤高的系列"的起点，将以山上忆良为代表的知识分子，类型化为"忆良型"知识分子。此外，他在《日本文学史序说》中对"本土世界观"的解释和《羊之歌：我的回想》中对"杂交种文化"的说明都使用了相同的手法。因而，我们在思考加藤周一的时候，要认识具体的内容和作品，抽象的、体系化的"轴"与"世界观"三者之间的关系，将他们作为一个整体解读。

在加藤周一有意识地为自己的论述引入这一关系之时，他必然是被某种建立在"自我"之上的主体性所推动的。这一思考模式源于他思想中对"个别"与"普遍"的相互关联的自觉。"个别"既是《日本文学史序说》中论述的诸多"例外"，也是加藤周一自身。所谓"例外"，指的是发挥了作为个别"自我"的主体性的个人。与此相对，"普遍"则如《日本文学史序说》中论述的为所有时代日本人所共享的"本土世界观"。因而，普遍性的要素也体现在拥有日本人共性的加藤周一身上。可以说，"个别"与"普遍"的相互关系也是"例外的自我"与"本土世界观"之间的相互关系。在这个意义上，加藤周一写作的独特之处，就在于试图表达一个"同时作为普遍和例外的自我"。正如笔者在介绍"本土世界观"的定义时强调过的，日本的本土世界观在面对外来思想挑战时几乎是一个被动的状态，而加藤周一把目光投向了这一被动的主体性对日本文化发挥作用的过程。在众多讨论日本主体的被动性的战后知识分子中，加藤周一的特殊之处正在于试图构筑这一以"普遍的例外"为目标的、历时性的、壮大的理论与现实。

　　之前的章节所论述的问题也是加藤周一一直以来思考的问题。一方面，加藤周一指出日本的文化与思想以"集团主义"、"现在主义"和"现世主义"为特征的"本土世界观"的思想轴为底色；另一方面，实际上他也在尝试构筑另一种语境，例如以山上忆良为原点生成的"孤高的系列"中知识分子所拥有的"历时性与普遍性的视野"——这其中的特异性就无法通过"本土世界观"理解。加藤周一认为，这种特异性是孕育历史中"例外"知识分子的重要因素，这一"例外"拥有无法被精确定义的，无法被完全地整合、嵌套进某种框架的特性。笔者在上文提到，加藤周一在《日本文学史序说》中以个别具体的事例串起一条抽象的轴线。这条轴线不仅是本土世界观，也可以放在"系列"和"例外"中说明。"本土世界观"与"系列"和"例外"一样，是一个复义的、存在模糊难解之处的概念。

　　在此，笔者想对这个模糊难解之处稍做说明。加藤周一不仅选择山上忆良这一同时具备个别性和普遍性的知识分子为理想的知识分子，即"忆良型"的始祖或谓代表，还同时指出，在山上忆良以后的时代，也不断涌现如山上忆良一般同时具备个别性和普遍性的知识分子。加藤周一将他们的存在形容为一个临时的、暧昧的"例外"。之所以说"例外"是临时的，是因为在笔者看来，加藤周一并未对其特征做出明确的定义。相反，它更像是一个在搭建应急措施时被随机拣选出来的东西。然而，即便存在这一临时性或暧昧性，也不足以忽视加藤周一使用"例外"这一表现的频率及其场合的相似性。"例外"在加藤周一思想中显然具有某种重要的意义。

此外，"例外"概念背后还有一个重要的逻辑结构，那就是《日本文学史序说》建构的呈现"杂交种文化"样貌的"本土世界观"。"本土世界观"拥有"集团主义"、"现在主义"和"现世主义"三个特征。其中，"现在主义"和"现世主义"与外来思想（譬如儒学价值观）存在互通性，而"集团主义"一般被认为是日本的特有之物。诚然，"集团主义"有一种明显的特殊性，然而"现在主义"和"现世主义"，在事实上也拥有一种比"集团主义"的特殊性更难理解的、另一层面的特殊性。这种特殊性体现在：如果处在一个远超人类生命时间的更大的、无限的时空维度，那么"现世主义"仅是相对于过去和未来的人类生命的极为有限的期间，"现在主义"则是相对于人类悠长的生命时间的眼前一瞬。在此意义上，"杂交种文化论"看似在加藤周一的思考中占据了很大比重，事实上也只是加藤周一看待历史的断面之一。或者说，它是一个极为局部和个别的东西。与此相对，"例外"看似也是在一个断面中观察到的个别之物，也确是一个超越时空的普遍存在。加藤周一在对"例外"概念的偏爱中留下一种暧昧性，恐怕正是由于试图表现二者如何相互作用的缘故。

第四章

竹内好、丸山真男与加藤周一

本章中，笔者将不把加藤周一作为孤立的存在，而要将他置于日本战后知识分子的时代性及其相互交流的这一关系结构中考察。与加藤周一保持着知识友谊的丸山真男和竹内好二人通常被看作"两极式"的存在。加藤周一的思想既受到二人的启发，也奇妙地完成了对二人的折中和结合。他们三人以探索未来日本的新道路为共同目标，而去世于 2008 年的加藤周一是奋斗到最后的探索者。不仅如此，在笔者看来，加藤周一以"本土世界观"为概念工具，在考察历史的同时探索了未来，为我们揭开了一种获得全新方法的普遍架构。加藤周一的视点往往被认为仅限于日本内部。然而在笔者看来，无论是"本土世界观"的概念，还是无法被这一概念所囊括的"例外"概念，加藤周一方法论的有效范围都超过了狭义的日本范畴。它分析的是一种思想在遭遇外部思想的挑战时所表现的具体接受方式，以及引发变化的作用力。因而，加藤周一的思想与竹内好和丸山真男的思想有很大不同。

一 竹内好

（一）理想的"亚洲主义"

在关于日本人主体性的问题上，竹内好与加藤周一的思考存在着鲜明的对照关系。如果说加藤周一旨在以一种历时性的、囊括性的视野观察"本土世界观"这一在外部刺激下生成的相对顺应的或被动的接受方式，那么与他同代的知识分子竹内好，则倾向于从一种充满"抵抗"和"否定"的强力意志的"自我"出发，专注于一种共时性的分析方法。竹内好的"自我"的一个典型表现，就是由"作为方法的亚洲"这一概念象征的理想的"亚洲主义"。

竹内好在论文《日本的亚洲主义》（1949）中，认为自己无法对"亚洲主义"这一概括性的言说方式下一个通常的定义，并将从"作为扩张主义或侵略主义代名词的反动思想"，到孙中山式的亚洲主义，到贾瓦哈拉尔·尼赫鲁式的亚洲主义，甚至被认为与"大亚洲主义"的实质有着最小限度一致性的一系列思想，都不加区分地定义为"亚洲主义"。❶ 竹内好指出了这一情形的"非思想性"特征，即"并没有从一种情怀升华为思想"。❷ 竹内好还认为，即便是以玄洋社或黑龙会为代表的"日本式亚洲主义"，也很难断言其在一开始就具备了侵略主义的特征。对于日本在"二战"时采用的明显的侵略性国家政策，竹内好认为也不能将其归咎于其中运作的"亚洲主义"，而应该在"人民的软弱"上寻找问题的根源。同时，亚洲的民族主义在"二战"后成为新问题。竹内好主张，"二战"后的亚洲民族主义并不能和过去的"亚洲主义"完全切断。❸ 然而，对于这种种总体上可被称为"亚洲主义"的立场，竹内好并不采取全盘否定的态度。相反，他主张应当提炼其中有益的要素，以帮助我们思考未来的新课题。

---

❶ 竹内好「日本のアジア主義」、『日本とアジア』、筑摩書房、1993 年（1966年初出）、第 287 頁。

❷ 同上，第 337 页。

❸ 同上，第 351 页。

正如中岛岳志所指出的那样，竹内好的"亚洲主义"可以分为三种类型：（1）作为政治策略的"亚洲主义"（明治以来的日本政府所继承的强权主义逻辑）；（2）作为抵抗的"亚洲主义"（如初期玄洋社宣称的"须拯救亚洲人民于水火"的"义勇之心"）；（3）作为思想的"亚洲主义"（冈仓天心主张的"亚洲逻辑"，以及包含"近代的超克"在内的"不二论式"世界观）。对于这三种类型，中岛岳志做出如下分析：

> 对竹内而言，"大东亚共荣圈"的逻辑是第一种"作为政治策略的亚洲主义"的归宿。这正是对"作为抵抗的亚洲主义"与"作为思想的亚洲主义"的"逸出"或"偏离"的结果，也是亚洲主义的"无思想性"本身所招致的后果。换言之，在竹内的思考中，"作为抵抗的亚洲主义"和"作为思想的亚洲主义"是包含了可能性的"亚洲主义"。而当它在实际中被"作为政治策略的亚洲主义"这一强权逻辑所劫持时，就爆发了"大东亚战争"的悲剧。❶

换言之，竹内好否定了"作为政治策略的亚洲主义"，试图将其扳回业已偏离的"作为思想的亚洲主义"的轨道。至于竹内好对理想的"亚洲主义"的解释，根据中岛岳志的说法，是竹内好提出过的"两个失之交臂"，即内田良平与幸德秋水的失之交臂、宫崎滔天与冈仓天心的失之交臂。竹内好在探讨"亚洲主义"问题时，将内田良平与宫崎滔天作为典型，认为此二人代

---

❶ 中岛岳志『アジア主義：西郷隆盛から石原莞爾へ』、潮出版社、2017 年、第 15 頁。

表了"作为抵抗的亚洲主义",是"情怀上"的"亚洲主义者"。而所谓的"两个失之交臂"指的是,"作为抵抗的亚洲主义"未能升华为"作为思想的亚洲主义"(宫崎滔天与冈仓天心),并且未能吸收帝国主义的批判理论(内田良平与幸德秋水)。

具体说来,中岛岳志认为,宫崎滔天以"侠"与"狂"为理念的"亚洲主义"是一个悖论。由于这种"亚洲主义"的实质目标是建立一个现代国家,这导致它即便以批判功利资本主义为核心,却在活动的结果上加速了现代化的进程。❶ 如果他的思想在此时可以邂逅冈仓天心,那么"从亚洲思想传统中发现的基于'不二论'的社会有机论,就有机会从一种普遍宗教式立场转化为对现代西方国家系统和经济系统的根本怀疑"❷。同样,内田良平"政策式的、情怀式的亚洲主义,是在将朝鲜半岛与尚未建立现代统治的'满蒙'地区压缩入日本势力范围之内的前提上讨论的,也就必然包含了帝国主义的结构"❸。如果他的思想在此时可以邂逅幸德秋水的主张,就有机会转化为对帝国主义"霸道"的结构性批判,同时转化为一种自我批判。

"不二论"是"Advaitism",即"Awakening"(觉醒)之意,源自维韦卡南达(1863—1902)的"Advaita"概念。他深受宗教学家拉玛克里斯纳的影响。后者主张超越宗教差异,到达普遍真理。冈仓天心对此感同身受,将这个概念翻译成"不二一元论"。竹内好如此评述:

---

❶❸ 中岛岳志『アジア主義:西郷隆盛から石原莞爾へ』、潮出版社、2017年、第569–570頁。

❷ 同上,第282頁。

因此，"亚洲是一体的"便意味着不是倚靠武力，而是倚靠美来实现统一的理念。现状本身并非一体，而是复杂多样的。天心对这种现状的认识十分深刻。❶

总之，在竹内好的理解中，冈仓天心对"亚洲是一体"的主张中的"一体"，并非实体化的一体，而是多种多样的美的统一。同时，竹内好对历史的连续性有强烈的意识。他认为"历史并没有在 1945 年断绝，日本的国家或曾一度破灭，但作为民族却是连续不断的"。❷ 他还在别处指出，"人终将还原为物质。当曾经活着的人们不见踪影，现实化为数字，历史化为图表"之时，我们绝不能犯"只关注历史中作为断裂的契机，而无视作为连续的契机这一错误"。❸

可以认为，竹内好在此处强烈否定了破坏历史的"美"与"连续性"的行为。尽管他在对各类"亚洲主义"的否定中，对"亚洲主义"本身展现了部分的否定，但这不是简单的否定，而是在否定的过程中相信其中还有值得肯定之处的思考方式。

（二）为了"超克"的"否定"

作为一名不断探索亚洲问题的知识分子，竹内好以其发表于 1959 年的论文《近代的超克》闻名。"二战"期间他在中国从事研究；战后又从这一中国研究的视点出发，尝试讨论"近代的超

---

❶　竹内好「日本人のアジア観」、『日本とアジア』、筑摩書房、1993 年（1966 年初出）、第 102 頁。

❷　同上，第 93 頁。

❸　竹内好「日本人の中国観」、『日本とアジア』、筑摩書房、1993 年（1966 年初出）、第 65 頁。

克"问题。在当时日本知识分子认为彼时的中国已落后于时代，而纷纷转向西方获取知识时，竹内好却固执地试图在亚洲内部发现对"近代"（现代）的超越。对他而言，如果无法做到这一点，日本就无法达成真正意义上的"近代的超克"。在此意义上，竹内好对西方现代性采取了否定的态度。竹内好认识到，战后的日本进入了一个对"二战"中的"亚洲主义"全面否定的、转向或忏悔的时代。然而即便如此，他也没有完全放弃"亚洲主义"，而是试图进一步反省、检讨，试图将"亚洲主义"从一个被贴满军国主义和国家主义标签的负面意识形态中解救出来，以接近真正的"亚洲主义"。他在思想上没有做出任何妥协，但直接使用"亚洲主义"一词是有极大风险的，因而只得慎重选取词语并采取一种暧昧的表现方式。表意的模糊不清是竹内好写作的极大缺陷。学者孙歌将其总结为"稍显粗糙的命题"。

> 在《作为方法的亚洲》中，竹内好提出了一个稍显粗糙的命题，即我们应当同时从日本、中国和西欧的角度认识现代化模型。这是一个贯穿其毕生思考的立论。然而也正因如此，他穷尽一生都没能发展出超出这个论点的理论。❶

孙歌指出，竹内好的工作并未超出这个理论，但也肯定了其在拒绝对亚洲的歧视与霸权主义的问题上发挥的功能。

---

❶ 孙歌「なぜポスト〈東アジア〉なのか？ 歴史の脈動の中で、観念的な東アジア論を超えるために」、孙歌・白永瑞・陳光興編『ポスト〈東アジア〉』、作品社、2006 年、第 117 頁。

在"东亚"已不断僵化，变为一个绝对的前提之时，竹内好潜入包括他自身所处时代的历史动脉，在历史的流动性中描画了一个活着的亚洲。在这个地缘中，我们得以开始彼此想象，将各自的问题化为一个共同的课题意识。这是在经历了战争的剧痛后对一切歧视和霸权的拒绝，也是对和平的愿景。东亚是否一体并不重要，重要的是怀抱这一愿景。❶

孙歌认为，这个对东亚的愿景是可贵的。在笔者看来，这个愿景来自竹内好强烈的"自我"所包含的"否定"姿态，其来自对东亚的某种"真实"应当怀抱的理想信念，以及信念之上的执着。"否定"的出发点，是他与鲁迅的相遇。在一般看法中，竹内好将自身的理念与鲁迅重叠了起来。2001年竹内研究会的组织者丸川哲史认为，竹内好将鲁迅的生死观放到了自身的语境中解读。

他（鲁迅）的根本思想在于人必须活着。李长之立刻将这一思想等同于进化论式的思考；但我认为，在鲁迅生物学式的自然主义哲学的根底，流淌着一种更为朴素和粗粝的本能。关于人必须活着的主题，鲁迅并没有将其作为概念展开思考。他是作为一个文学家，作为一个殉道者而活着的。我的设想是，在这样一个活着的过程中，在某个时刻，他开

---

❶ 孙歌「なぜポスト〈東アジア〉なのか？ 歴史の脈動の中で、観念的な東アジア論を超えるために」、孙歌・白永瑞・陳光興編『ポスト〈東アジア〉』、作品社、2006年、第123頁。

始知道由于人必须活着，所以人必须死。❶

由此，丸川哲史指出，竹内好带着鲁迅"粗粝的本能"转向了当时战后日本的危机状况。这一本能化的现实与另一种"现实"构成了"竹内鲁迅"。例如，鲁迅常用一种反讽手法揭露现实中恶的结构。丸川哲史指出：

> 一般而言，反讽指希腊戏剧中的"戏剧性反讽"，指台下观众清楚，而台上的登场人物却在不自觉中操演的恶的结构。换言之，反讽或讽刺承担了一种揭露不自觉的"现实"的功能。❷

因而，鲁迅一边戒备着讽刺堕入捏造、污蔑和冷笑的泥沼，一边将这一身处现实状况之中的无力感化为反讽并描绘出来。"不自觉的现实"是一种恶的现实，而非理想的现实。鲁迅的反讽是对恶的现实的否定，也是借助舞台化对另一种理想现实的探寻。那么，以鲁迅为依据的竹内好，试图否定的又是什么呢？

竹内好以鲁迅为原点，将其看作现代中国最伟大的启蒙者。在竹内好看来，鲁迅精神不仅受到生物学、自然主义哲学知识和进化论的影响，甚至可以追溯到孔子的精神。竹内好论述了鲁迅思想中的多重元素，他这样评价《朝花夕拾》：

> 追溯到《〈呐喊〉自序》，在构思层面，可以认为本书

---

❶ 丸川哲史『竹内好アジアとの出会い：人と思考の軌跡 』、河出書房新社、2010 年、第 23 页。

❷ 同上，第 33 页。

重新构成了鲁迅的精神形成史。因此，这一系列文本的作品性质较自传更为强烈，包含了论战、追忆、书写和民俗考察的元素，这些元素占比不同，彼此缠绕。其初看之下的混沌，酝酿出一种独特的风格，成了鲁迅作品中的异色篇章。❶

此外，在谈及鲁迅受到的多方面影响时，竹内好认为鲁迅"为了拣选出符合自己本质的部分"采用了一种"挣扎"的接受方式：

> 鲁迅或许像周作人指出的那样，受到了来自梁启超的一些影响。但在我看来，认为其并未受到梁启超的影响，恐怕是对他更为正确的把握方式。至少在本质上，鲁迅没有受到这种"影响"。或者说，就算多少受到了，也是以一种特殊的方式：为了拣选出对应自身本质的部分，鲁迅一头扎入他的对象中，以一种"挣扎"的方式接受。❷

换言之，竹内好认为，与其说鲁迅受到来自外界的影响，不如说他没入其中选出了自身的本质。竹内好认为，鲁迅是现代中国不可或缺的存在。关于鲁迅思想的形成，他在《作为思想家的鲁迅》（1949）中这样写道：

> 从思想史的角度看，鲁迅位于孙中山与毛泽东的媒介位

---

❶ 増田渉・松枝茂夫・竹内好编『鲁迅选集』（第2卷）、岩波书店、1956年、第284頁。

❷ 竹内好「日本人の中国観」、『现代中国論』、河出书房、1951年、第81頁。

置。由于现代中国是在自身传统中实践的自我变革，其中就无法没有鲁迅这样一个否定的媒介。当新价值观不是来自外部，而是由旧价值观的更新带来之时，这个过程就需要一种牺牲。鲁迅就是背负这一牺牲的人。❶

竹内好认为鲁迅起到了"否定的媒介"的作用，并为这一"否定"付出了牺牲，而革命、内战和自我内面的心理纠葛，都是古老事物的牺牲。鲁迅需要担当的是现代中国从传统中抽离的媒介，在实现自我变革的过程中的"否定性"。竹内好以鲁迅为现代的原点，并指出现代日本也需要同样的否定精神。

藤井省三在处理太宰治的小说《惜别》与竹内好的论著《鲁迅》时，认为竹内好对太宰治的批判同样适用于对竹内好自身的批判。❷ 太宰治（1909—1948）以鲁迅在日本留学的经历为题材撰写了一部名为《惜别》❸ 的青春小说。对此，与其同代的竹内好批判道：这部小说恐怕完全无视了鲁迅的作品，是由太宰治本人主观编造出来的鲁迅肖像——毋宁说，这就是太宰治的自画像。另外，竹内好在 1943 年写就的《鲁迅》，也经由武田泰淳传到了太宰治的手中。太宰治读过小田岳夫的《鲁迅传》（1941）和竹内好的《鲁迅》后，指出《鲁迅传》中的鲁迅形象"如春花般甜美"，《鲁迅》中的鲁迅形象"如秋霜般冷酷"。在藤井省三看来，上述经纬证明了竹内好的鲁迅也是从

---

❶ 竹内好「日本人の中国観」、『現代中国論』、河出書房、1951 年、第 182 – 183 页。

❷ 藤井省三『魯迅：東アジアを生きる文学』、岩波書店、2011 年。

❸ 太宰治『惜別』、朝日新聞社、1945 年。

自身主观出发的形象。对于这两个鲁迅形象，藤井省三同情太宰治而批判竹内好。

> 竹内好将"政治与文学"的对立构图放到鲁迅论中论述。对于身处战争时期的竹内好而言，"政治与文学"无疑有着十分深刻的意味，然而竹内好面对的战争时期的日本的状况，与鲁迅所在的 20 世纪前四十年的中国的政治与文学的状况有相当的差异。竹内好在鲁迅论中的议论是无效的观念论。❶

藤井省三进一步批判了继承这种"鲁迅情结"的奥野健男（1926—1997）。

> 与一个"无法触碰的鲁迅肖像"格斗的，不是太宰治，而是竹内好自己。❷

据藤井省三所言，竹内好对太宰治的《惜别》提出严厉批评的原因之一，即这部小说是在 1943 年 11 月"大东亚会议"的共同宣言的基础上，受到日本内阁情报局和"日本文学报国会"的委托、赞助而写成。要言之，《惜别》被视为多少隐含了负面事件"大东亚会议"主张的意图。

藤井省三还指出，太宰治在 1948 年殉情自杀，而竹内好却在之后的日子里不断介绍鲁迅和现代中国文学，并获得了"竹内鲁迅"这一在鲁迅解释中的特殊地位。然而，竹内好的鲁迅论从

---

❶ 藤井省三『魯迅：東アジアを生きる文学』、岩波書店、2011 年、第 166 頁。
❷ 同上，第 167 页。

"二战"时期到战后发生了很大改变，从对鲁迅部分肯定的立场转为全面肯定的立场。

  例如，关于鲁迅的代表作《狂人日记》，战时的竹内好认为其价值不在于白话文创作或反封建的主题，而在于"横亘于稚拙的文章底层的作者的态度"。到了1966年《鲁迅作品集》的解说文中，这种"回心说"发生了巨大的转变，变成"这部作品体现了鲁迅最为根本，也最重要的动机，即揭露中国古旧的社会制度，尤其是其中的家族制度，以及其背后作为精神支柱的儒教伦理的虚伪性"。❶

同时，藤井省三也论述了竹内好的鲁迅论对太宰治的鲁迅论的驱逐。

  竹内好在其生涯的最后阶段完成了《现代中国论》和《国民文学论》等著作，并作为一名以中国为鉴、批判现代日本文学的评论家活跃于文坛。凭借其在战后获得的鲁迅研究者的名声，竹内好在战时撰写的《鲁迅》（1944）中所描绘的那个苦恼于政治与文学之对立的鲁迅形象，得到了广泛的阅读。而太宰治在《惜别》中描绘的那个笑容可掬、充满人情味的鲁迅形象，便被驱逐出去了。❷

竹内好汲取了鲁迅的"否定"精神，而拒绝了这种精神之

---

 ❶ 藤井省三『魯迅：東アジアを生きる文学』、岩波書店、2011 年、第 168 –169 頁。

 ❷ 同上，第 170 页。

外的鲁迅阐释，以此构筑了一个基于强力意志的"自我"。竹内好以"否定"精神为原点采取的具体行动，可以在其后来对武田泰淳的批判中看到。

竹内好与武田泰淳在 1931 年相识后，成了终生的朋友。二人是他们共同开办的"中国文学研究会"（1934—1943）的英才，而且通过创办机关杂志《中国文学月报》，在中国的民族主义中发现了中国研究与"支那"研究之间的巨大差别。武田泰淳曾于 1937 年 10 月应征入伍，1939 年 10 月退伍。在此期间，武田泰淳向月报投过数篇写于中国的文章，站在随笔《土民面孔》（1938）的一贯延续立场，批判了乖离于现实中国状况的"支那"研究者。对于这些文章，竹内好毫无保留地予以赞扬。对此丸川哲史评价道：

> 二人之间有一种共通的意识，即不能浪费当时所有在战争的绝地中幸存下来的日本人与中国人的经验。因此，这种经验不能只归结到个人体验上。有理由这样认为：这段关乎日本与中国作为民族如何敌对的历史，必然是一个超越个人体验、应当获得公共性历史评价的对象——这一事实激发了当时知识分子特有的思想态度。❶

武田泰淳于 1943 年推出了他的著作《司马迁》。正如丸川哲史所言，武田泰淳的《司马迁》和竹内好的《鲁迅》，与小林秀雄的《论无常》（1942）处于"相互对抗的语境"之中。

---

❶ 丸川哲史『竹内好アジアとの出会い：人と思考の軌跡』、河出書房新社、2010 年、第 82 頁。

20世纪40年代知识分子思想态度的暗流，包含了对于到20世纪30年代为止的西方现代思想经验的反动。1929年全球经济危机的经验招致对旧有知识框架的疑惑，也造成了日本主义的盛行。经历了包括马克思主义在内的欧洲现代知识话语的动荡，同时更为了驱散迫在眉睫的现代战争降下的死亡压迫感，传统的时间观念开始作为一种反讽的拟态，被放置在与现代时间相对抗的意义中解读。❶

然而，对于《司马迁》之后的武田泰淳，竹内好的态度是批判的。他认为武田泰淳的思想态度应和了那种以"色情、猎奇、荒谬"为基调的文化。"色情、猎奇、荒谬"是20世纪30年代日本的社会性不安到达顶峰时，用来形容当时颓废的、倒错的、反社会的文学或艺术风潮的流行词。换言之，竹内好是对当时日本人的精神空白这一构成战后文化空间的精神状态提出了批判，同时对武田泰淳处理"混沌"状态时的处理方式感到焦虑。

竹内好对武田泰淳的焦虑，可以解读为竹内好对日本战后存在方式本身的焦虑。最终可以认为，竹内好对武田泰淳的彻底批判代表了他自身对社会的鞭策。❷

竹内好对武田泰淳的批判，也是对日本社会"非政治的态度"的批判。在一个日渐"自然主义"或"自然化"的社会现实中，竹内好拒绝向其妥协。竹内好的"否定"由于带有强烈

---

❶ 丸川哲史『竹内好アジアとの出会い：人と思考の軌跡』、河出書房新社、2010年、第83頁。
❷ 同上，第99頁。

的"自我"色彩而显现了一种急躁，也不免存在为否定而否定的侧面。只不过，他与鲁迅否定的对象不同。如果说鲁迅的否定对象是腐朽的中国封建文化，那么竹内好则是为了否定迅速抛弃亚洲传统、走上现代道路的日本。

（三）"本土化"的局限

在笔者看来，竹内好解决"传统"与"现代"的关系这一问题的方法，体现在其翻译工作对"本土化"的实践。所谓"本土化"，一般是指将外部的思考吸收并融入自身的土地及其文化乃至自身内部的行为。尤其在翻译工作中，体现为译者将对象引入自身内部，以自己的方式完成表达。在当代的翻译研究领域，"本土化"的翻译方式通常是批判对象。因为从翻译的原点来看，"本土化"的态度通常是对原意造成扭曲的主要原因。然而，"本土化"的翻译过程正意味着译者即"人"这一中介的不可避免性。在这个意义上，笔者认为"本土化"现象本身应当作为思考和研究的对象。竹内好实践"本土化"翻译的对象，就是鲁迅。

鲁迅强烈批判儒学，是白话文运动的支持者和实践者。竹内好则以鲁迅的反叛精神为自身出发点，也是日本最重要的鲁迅译介者。竹内好对鲁迅作品的翻译反映了他自身对鲁迅的理解。藤井省三这样评价竹内好的翻译工作：

> 翻译可以从 Domestication 和 Foreignization 两方面来分析。Domestication 指外语或外国文化的本土化和本地化。Foreignization 指本土文化或本地文化的外国化。这两个词在

中文里分别被表达为"归化"和"异化"。就鲁迅文学的日语翻译而言，可以认为 Domestication 是鲁迅问题或现代中国文化在日本的本土化，Foreignization 是日语或日本文化的鲁迅化或中国化。迄今为止的鲁迅日文翻译在整体上体现出浓厚的 Domestication 倾向，其中又属竹内好的翻译为本土化之最。❶

藤井省三指出了竹内好翻译"本土化"中的两个倾向，一是对文章构成的切断，二是过于大胆的意译。鲁迅文体的特征正在于用缠绕的长句表现迷宫般的思考，而竹内好在翻译时总将其切分为多个短句。此外，他甚至有过将原文的"二十年前"改为"三十年前"的大胆改动。在藤井省三看来，这是"对原作者鲁迅的不尊重"与"迷失了鲁迅文学的起点"的做法。

那么，鲁迅文学的起点是什么呢？藤井省三关注鲁迅的文体结构，认为这些忠实地外化了思考路径的长句是对鲁迅思考过程本身的反映。换言之，藤井省三认为鲁迅思考的起点在于表现思考过程本身。因此在他看来，相较于竹内好，太宰治的风格表达了更为"真实"的鲁迅。

诚然，世间存在着无数的鲁迅肖像，而真实的鲁迅只有一个。然而，今天的我们已经无法无限地追问乃至到达这个起点。在此毋宁说，竹内好是如何接近这个鲁迅起点的，才是重要的问题。竹内好并没有将鲁迅的起点原封不动地置换为战后日本的起点，而是试图共享这个起点。或者说，共享从这个起点出发的、

---

❶ 藤井省三『魯迅：東アジアを生きる文学』、岩波書店、2011 年、第 174 – 175 頁。

用以抵抗或否定外部的能量。换言之，竹内好并没有以鲁迅的起点为起点，而是将从鲁迅起点中迸发的强有力的抵抗和否定的能量作为自身的起点。

　　藤井省三指出的另一个竹内好的问题，是在翻译中改变原文文体和对内容过分大胆的意译。同时，藤井省三也批判竹内好将当时中国的状况原封不动地解读为日本的状况。然而，不只是竹内好，在当时的日本和中国对西方著作的积极译介中，意译才是更为常见的情况。那时的意译通常包含了译者的强烈阐释，在竹内好对鲁迅作品的意译中可以看到一种强烈的目的性。换言之，竹内好以鲁迅研究为手段，试图实现自身的某种强烈目的。尽管与鲁迅的立足点不尽相同，包裹自身的时代环境也不相同，但竹内好仍旧在鲁迅作品中发现了一个与自身心境相互重叠的普遍性的"某个东西"。或许可以说，在与鲁迅精神的共鸣中，竹内好能够骄傲地认为，自己是日本最合格的鲁迅介绍者——能够裁断他的章句却不减损他的思路，将他的语言置换成"自己的日语"也能分毫不差地展现他的精神世界。他对鲁迅原文做出的大胆修改，也正是这种代替鲁迅、成为鲁迅、堂堂正正地将鲁迅介绍到日本的领军人物的"狂气"。

　　竹内好的立足点在日本，鲁迅则在中国。立足点不同，目的自然也不同。在此意义上，竹内好和鲁迅确实有着各自不同的"起点"。竹内好不断追求的不是作为中国人的鲁迅的起点，而是作为日本人的自身的起点。正如藤井省三指出的他对鲁迅评价的变化，更应该理解为竹内好在通过鲁迅这面"中国之镜"不断地重新发现、重新确认乃至稳固自身的立足点和出发点。换言之，比起现实中的中国知识分子鲁迅，竹内好更加关心和重视的问题恐怕是：如果鲁迅是日本人，他会怎么做。藤井省三批判竹内好的"本土化"，主张追求"鲁迅化"，或谓追求"真实"的鲁迅。然而在这种"鲁迅化"中——如果可能的话——竹内好通过鲁迅试图表达的、作为人的强烈"自我"，也就消失殆尽了。

在笔者看来，藤井省三拥护的鲁迅肖像，恐怕也像竹内好对太宰治的批判那样，同样适用于藤井省三本人对竹内好的批判。藤井省三以《阿Q正传》为例，讨论了竹内好翻译中的问题，将自身竭力保留了鲁迅缠绕文体的译文，与意译、裁断鲁迅原句的竹内好的译文做出比较。我们来看看他们对"仿佛思想里有鬼似的"这一句的翻译。

原文：

　　我要给阿Q做正传，已经不止一两年了。但一面要做，一面又往回想，这足见我不是一个"立言"的人，因为从来不是不朽之笔，须传不朽之人，于是人以文传，文以人传——究竟谁靠谁传，渐渐的不甚了然起来，而终于归结到传阿Q，仿佛思想里有鬼似的。❶

藤井省三译文（"于是"之前省略）：

　　となると、いったい誰が誰によって伝わるのか、しだいにわけがわからなくなり、結局は阿Qを伝えようということにたどり着くのだから、頭の中にお化けでもいるかの

---

❶ 鲁迅：《鲁迅全集》（第一卷），人民文学出版社，2005年，第512页。

ようである。❶

竹内译文（"于是"之前省略）：

　　というわけだが、そうなると一体、誰が誰によって伝わるのかが、だんだんわからなくなってくる。そしてしまいに、私が阿Qの伝を書く気になったことに思い至ると、何だか自分が物の怪につかれているような気がするのである。❷

　　藤井省三的译文是"頭の中にお化けでもいるかのようである"（脑中仿佛有一个鬼），竹内好的译文是"何だか自分が物の怪につかれているような気がするのである"（感觉自己仿佛被什么怪物缠住了）。一般看来，"有鬼"被理解为"有私心""有私念"，"仿佛思想里有鬼似的"则一般理解为"仿佛有一种私心""仿佛有一种私念"。此处的意思是，"必须为阿Q写点什么，不然将感到惭愧和不安"。遗憾的是，尽管藤井省三将鲁迅的文章"忠实"地翻译了出来，却没有将他的意思"忠实"地传递出来。笔者无意对藤井省三做出批判，但需要注意的是，这种情况正意味着追求起点过程中存在的局限，也显示了所有译者不得不面对的问题。换言之，它如实披露了一个问题：每个人都有各自动机的起始点，我们应当如何将自己的初心和起点依托于自身之外的他人，这种依托是否可能被如实地还原出来？起点通

---

❶　鲁迅『故郷/阿Q正伝』、藤井省三訳、光文社、2009年、第70頁。

❷　鲁迅『阿Q正伝·狂人日記』、竹内好訳、岩波書店、1969年4月第20刷、第97頁。

常被理解为"思考事物的出发点"❶，不同的人则应当有不同的起点。起点的意义正在于从此出发以后的那个将来和后续，而不是要求我们向其回溯的东西。关于重新审视鲁迅"起点"的藤井省三译文中存在的局限，这只是其中一例。然而同时，这也是从个别这一起点出发的"本土化"的局限本身。不只竹内好，我们都在重复着"本土化的局限性"。包括笔者在上一章中论述的山上忆良对汉文的吸收，其中也存在同样的局限性。

以鲁迅为起点的竹内好，在一开始就不准备向日本传递一个"本来的鲁迅"。竹内好的"本土化"在于思想的创新，在于将鲁迅的构成部分之一，即其"抵抗"精神继承下来，形成将从"自我"中迸发的强烈的"否定"化为抵抗工具的过程。这个"否定"的对象就是忽视了日本或亚洲这一"特殊"的外来的"现代"概念，或谓被强加的"普遍性"。竹内好指摘的"西方"并非与"东方"一样是作为一种特殊性存在，而是一种将"东方"彻底遮蔽的普遍性。

竹内好与加藤周一的不同，正在于他将"东方/东亚"把握为一种特殊性。加藤周一的"本土世界观"是对一切外来思想的系列反应，是将日本人的思想对于无论是中国还是西方，无论是儒学、佛教还是基督教保持的距离感可视化。在加藤周一看来，无论西方还是东方都是"特殊"文化。与此相对，在竹内好看来，只有亚洲是"特殊"的。他在号召团结其他国家时，也是在对抗西方的语境中主张日本必须坚持一种亚洲的传统，否

---

❶ 松泉明監修『大辞泉』、小学館、2021 年 4 月。https：//kotobank.jp，访问日期：2022 年 9 月 25 日。

定自身的西化。考虑到竹内好所处的时代背景和环境，这一点并不难理解。而这也使我们更容易看出相同背景下的加藤周一的可贵之处。生活在当下的我们需要认清的是，在竹内好等知识分子身上看到的"本土化的局限"正在如何地被不断重复，同时也应当意识到我们需要某种能够突破"个人特殊性"这一局限的整体视野。在接下来的部分，笔者将考察同样试图对各种西方概念本土化的丸山真男是否意识到了这一局限。

二　丸山真男

（一）"自我"与"原型"

丸山真男"自我"的觉醒，或许可以追溯到他在1933年4月，高中三年级时遭遇的逮捕事件。当时，丸山真男正在参加唯物主义研究会的会长、其父亲的朋友长谷川如是闲的演讲会，因被指认为学生领袖而遭到警方的逮捕和审讯。对于这个流着泪被警察带走的年轻人的遭遇，苅部直如此总结道：

> 丸山真男知晓自己在权力高压的命运下屈服了。在这个不安、胆怯的自己面前，他开始意识到一个课题：如何在内心确立起一种主体性，以至无论遭受来自外界的怎样的苦难，都能维持一种骄矜和坦然。这种意识，可以说就是十九岁青年丸山的自我觉醒。❶

---

❶ 苅部直『丸山眞男：リベラリストの肖像』、岩波書店、2006年、第52頁。

"自我"觉醒的丸山真男在 1942 年发表了拥戴福泽谕吉的论文《福泽谕吉的儒教批判》。福泽谕吉在当时普遍被"日本精神论"者作为西方崇拜者和个人主义者予以批判。年轻的丸山真男不顺从这一风潮，带着一颗共鸣于福泽谕吉"一身独立"的独立之心，通过解读福泽谕吉的思想，检索现代日本的每一个自主人格作为"主体"参与政治时留下的痕迹。对于丸山真男作于 1946 年的短文《现代式思维》，苅部直做出如下评价：

> 由每个人从自身出发确立"自主人格"，再以这一"主体"参与政治——如果说这一"现代"的姿态正是全人类超越了文化差异所共同怀抱的理想，那么在此意义上，尽管"欧洲市民文化"目前领先于世界，但事实上，所谓西方和日本的差距，无非只是二者距离这一理想的远近的差距。丸山真男是如何为这一关于"现代"的理想赋予丰富的内容，并将其塑造为自身的信念的呢？❶

"二战"后，丸山真男发表了关于"超国家主义"这一分析日本社会及其精神结构的议论，引起广泛关注，并在此后逐渐成长为战后民主主义思想的领军人物。1952 年，丸山真男将写于"二战"时期的三篇长论文集结成册出版，这就是《日本政治思想史研究》。这部著作可以说是丸山真男从战前至战后的思考结晶，但用丸山真男自己的话来说，那些论文的问题意识在根本上基于战败前的体验在记忆中"烙下的印记"，与立足于"历史性状况的激变"的"当下视点"之间缺乏一种直接的联系。丸山

---

❶ 苅部直『丸山眞男：リベラリストの肖像』、岩波書店、2006 年、第 90－91 頁。

真男这样表达自己的复杂心情：

> 毋宁说，现在的我清晰地感到，自己对种种问题做出设定和分析，乃至其背后历史性范畴的基底本身，都像我们在之后的两三个例子中即将看到的那样：从根本上反映的是"八一五"这个日子之前的体验在我的思想中烙下的印记。至于我在那之后的个人和自己在所属的祖国中体验到的，堪比从数十年甚至数百年的历史性状况激变的意义中读取到的迫切课题——这个激变不是指所谓的战后民主化政策多大程度地改变或未曾改变日本的政治和社会思想的问题，而是一个更深更广的世界性状况的推移与其为日本带来的冲击——我立足于这个反复咀嚼的历史意识之上的当下视点，与当时的体验无论如何都无法产生直接的连续性。❶

丸山真男认为自己论文的问题设定和分析都与"当下视点"缺乏直接的联系。然而，他也不准备抛弃或否定当时在论文中做出的分析，而是展现出一种意愿，即积极预测今后所需的"新的视角和打光"，将其"置于不同的组合和配置图"中"实现功能的变化"。

> 只不过，在今后的日本思想史研究中，我应该不会把在本书中尝试过的方法和分析方式作为一个既已存在、确凿无疑的事实，而只在这之上做一些补充，使它更加丰富。在此

---

❶ 丸山眞男「あとがき」、『日本政治思想史研究』、東京大学出版社、1952年、第367－368頁。

意义上，我无意让它做出纯粹内在的有机发展，而是要在即便处理同一时代、同一对象时，也引入新的视角和打光，使其呈现出与本书相当不同的整体蓝图。在此过程中，我未必会舍弃或抽象地"否定"本书中尝试过的种种分析，而是要将其置于不同的组合和配置图中，以实现功能的变化。❶

丸山真男通过《日本政治思想史研究》一书，从战后角度重新把握了此前对日本社会和日本思想的考量。他的目的是要阐明"往大里说是整个日本社会，往小里说是日本思想的现代化模型相对于西欧和其他亚洲诸国的独特之处"❷。这一目的正接近丸山真男始终如一的出发点，即那个从战前到战后，贯穿于探究"日本思想的现代化模型"与"日本的独特之处"的出发点。在这本著作中，丸山真男俯瞰日本历史，向读者展示了荻生徂徕这一转换点——构成这本著作的三篇论文中，有两篇是"徂徕论"。在此后的章节中，笔者将详细分析，丸山真男是如何在肯定了荻生徂徕的"先王之道"区分了"天道"与"人道"的意义上，首次肯定了人的主体性并开拓了日本思想向现代性发展的道路的。丸山真男重视荻生徂徕将"先王之道"的本质与"作为"联系在一起，认为这是荻生徂徕主体性的表现，也在论述中向读者充分展示了这一点。"作为"是指人从自身意志出发的行为，意味着主体性的创造。可以说，荻生徂徕将"道"这一儒学的至上道德看作古代中国人的作为。丸山真男则从中读出了获

---

❶ 丸山眞男「あとがき」、『日本政治思想史研究』、東京大学出版社、1952年、第 367 – 368 頁。

❷ 同上，第 369 頁。

生徂徕的主体性。与此同时，我们也可以从丸山真男的解读中把握他自身的主体性。尽管以荻生徂徕连接"现代"的叙述中多少带有过于随意和生硬的成分，但其中丸山真男从战前开始的思考意图是十分明确的。

丸山真男在 20 世纪 50 至 60 年代进一步完成了思想的转换。在通常的看法中，丸山真男的分析工作从一个立足于纵向的普遍历史发展阶段论的视角，变为分析与异质性文化接触带来的横向冲击的视角。1957 年，丸山真男发表论文《日本的思想》，在其中论述了日本"思想坐标轴的缺乏"，指出在日本思想中，佛教思想、儒学思想和西方思想等皆杂乱无章地栖息在一处，其相互的逻辑关系和应处的位置从未被厘清过。

> 我们的国家的思想传统尚未形成一个核心或坐标轴，在其中，任何时代的观念和思想都能相互关联，任何思想立场都能在与它的关系中——即便是一种否定的关系——找到自己的历史位置。❶

丸山真男不满日本文化的"杂居"状态，甚至试图通过"否定"的方式树立"自我"这一坐标轴，并要求建立日本思想传统。丸山真男这样评价加藤周一的"杂交种文化"。

> 加藤周一将日本文化的本质定义为杂交种文化，认为既然过去一切对日本文化的"国粹化"或如西欧思想纯化的尝试都失败了，就不妨从这种杂交种性格中提炼出积极的意

---

❶　丸山眞男『日本の思想』、岩波書店、1961 年、第 5 頁。

义。诚然，这是个值得倾听的意见，我也大致赞同其中的精神，但有几点必须补充。其一，对杂交种性格无聊的"积极"肯定，如东西融合理论或辩证法式的统一论，这种"传统"在我们的思想中毋宁说已经太多了。其二，正如我在本文中经常使用的"精神杂居"一词，问题恰恰在于异质性思想之间并没有"交通"，而只是同时存在于一个空间。如果说可以实现多种多样的思想内部性"交通"，则可以期待诞生字面意义上的"杂交种"的新个性；然而若这些思想只在相互调情或争吵的话，就无非只是在重复之前说的没有生产力的论争罢了。❶

丸山真男将加藤周一的"杂交种文化"看作"杂居"，肯定其因内部"交通"而产生的新个性的可能性，即怀疑其是否只是在"调情或争吵"，只是一种无主体性的状态。不过自不待言，加藤周一在"日本的小小希望"这一积极意义上重新捕捉到的"杂交种文化"，并不是单纯的"杂居"。通过第三章的考察可以发现，"杂交种文化"和"本土世界观"在加藤周一那里是表里一体的，其背后有一条看不见的精神轴线，既是个别的，也在连续意义上发挥着主体性功能，是日本文化现象和思想的根基。其中，《日本文学史序说》是将这根不可见的轴线可视化的著作。与此相对，丸山真男则为了探索"杂居"的日本所缺失的主体性，展开对"原型"的探究。

例如，对于日本近代思想，丸山真男认为幕藩体制的思考方

---

❶ 丸山眞男『日本の思想』、岩波書店、1961 年、第 63－64 頁。

式是由"原型"、"儒教式世界观"和"幕藩体制的精神结构"
这"三个契机的相互作用"形成的。田中久文这样总结三者的
关系：

> （1）"儒教式世界观"和"原型"
>
> 有相通之处，都是重视血缘和此岸主义的。只不过"原
> 型"是情绪主义的，"儒教式世界观"（尤其是朱子学）则
> 是以"理"为根基的理性主义式的普遍主义。
>
> （2）"原型"和"幕藩体制的精神结构"
>
> 幕藩体制带来的"身份性、空间性的封闭化"与"原
> 型"中的"集团式功利主义"的原理相通。然而，"原型"
> 中的"情绪性的激进主义"也有不受幕藩体制中模式化、
> 定型化框架的限制，甚至对其做出突破的倾向。
>
> （3）"幕藩体制的精神结构"和"儒教式世界观"
>
> 以战斗者即武士为统治阶级，维持在藩地的割据与幕府
> 的集权统治的平衡之上的幕藩体制，与以儒学式世界观为前
> 提的周朝的封建制度和秦汉以后的官僚支配体制有着某种意
> 义上的共通性，这也是幕藩体制吸收儒学思想的原因。然而
> 二者也在很多方面并不相通。❶

也就是说，在丸山真男看来，"原型"、"儒教式世界观"和
"幕藩体制的精神结构"三者之间相互存在一致的面相，也有不
一致的部分。其中的"原型"与丸山真男"古层论"里"古层"
概念相近，也带有其后"执拗低音"的意味。

---

❶　田中久文『丸山眞男を読みなおす』、講談社、2009 年、第 208 - 209 頁。

（二）荻生徂徕的"先王之道"与"作为"

前面已经说过，丸山真男在说明日本的现代性时，以荻生徂徕的"主体性的作为"这一立场为分析对象。在通常理解中，可以将《日本政治思想史研究》的工作概括为"在对朱子学式思维的解体过程中，发现日本通向现代式思维的道路"❶。正如苅部直指出的那样，"诚然，丸山真男思考中的'作为'的主体仅限于古代'圣贤'或历代执政者，只不过'作为'的原理一旦被提炼出来，思想发展的历史就已经达到了一个与过去截然不同的全新阶段"❷。的确，荻生徂徕将以古代圣贤为代表的"先王之道"解释为从"天道"中的剥离，是一种对人类主体性的肯定。然而不能忽视的是，与此同时，荻生徂徕在"先王"与一般民众之间深深划下一条界线，以此断绝了一般民众与"天"相连的可能性，否定了其通过"修身"成为圣贤的道路，即否定了一般民众的"主体性"。丸山真男仿佛对这一事实视而不见一般，如此评价荻生徂徕：

> 如此一来，在徂徕那里，所谓道就是指圣贤之道。❸

> 圣贤之道乃至先王之道的本质，首先在于治国平天下的政治性。❹

---

❶ 土田健次郎『江戸の朱子学』、筑摩書房、2014 年、第 84 頁。
❷ 苅部直『丸山眞男：リベラリストの肖像』、岩波書店、2006 年、第 100 頁。
❸❹ 丸山眞男「近世儒教の発展における徂徕学の特質並にその国学との関連」、『日本政治思想史研究』、東京大学出版会、1952 年、第 81 頁。

为达到安民这一政治目的，可以偏离道理。这无疑是儒学道德的"价值转换"。在此我们也许会想起马基雅维利的《君主论》。❶

顺着这个脉络，丸山真男又分别引用了荻生徂徕的《太平策》和马基雅维利的《君主论》作为类似的例证。

> 然为君者，若能安民，纵为人讥笑不合道理，其心已不得不说有如天下父母。❷

> 我知道每个人都会承认：一个君主如果具备了上面列举的一切优点，将会是天大的一件好事。但他不可能成为浑身优点的完人，也不可能表现出那么多的优点，因为这是人类自身的条件所不允许的。……而如果不实施一些恶行，就难以挽救国家的命运，就不该斤斤计较荣誉了。❸

单看两段引文，二者确有相似之处，都在主张君主首先应保持执政者的美德，但在无法维持完美的情况下，就要顶着违背道理、被嘲笑、被诽谤的压力果敢地贯彻其统治。然而必须注意的是，上述两段引文的语境并不相同。《君主论》（1513）倡导

---

❶ 丸山眞男「近世儒教の発展における徂徕学の特質並にその国学との関連」、『日本政治思想史研究』、東京大学出版会、1952 年、第 83 頁。

❷ 荻生徂徕「太平策」、『日本思想大系・荻生徂徕』、岩波書店、1973 年、第 467 頁。

❸ 马基雅维里：《君主论》，方华文编译，陕西人民出版社，2006 年，第 97－99 页。

"君主"作为个人的主体性。其中，马基雅维利以数名君主为例，分析了如何通过掌握民众的弱点，以达到更好地统治他们的目的。此处的语境是由君主的"特殊性"导向民众的"普遍性"。与此相对，《太平策》只处理了"先王"这一个别的圣贤，将原本在朱子学中被定义为普遍概念的"道"向特殊性的方向收敛。如果观察丸山真男的两段引文，会发现其在不同著作中的表达，在往返于"特殊"和"普遍"的概念时呈现了一种偏差。如果丸山真男不是有意忽视这些方向性的差异，而只重视和采用自己需要的部分的话，那只能说明他混淆了关于"现代"的"主体性"的多种多样的理解。当然，丸山真男应当不是犯这种错误的人。要确认荻生徂徕的儒学主张的内容，不妨直接看一看他的原话：

> 孔子之道，先王之道也。[1]

> 安天下以修身为本，然必以安天下为心，是所谓仁也。[2]

> 如宋儒训道为事物当行之理，是其格物穷理之学，欲使学者以己意求夫当行之理与事物，而以此造礼乐刑政焉。夫先王者圣人也，人人而欲操先王之权，非僭则妄，亦不自揣之甚。[3]

---

[1][2] 荻生徂徕「弁道」、『日本思想大系・荻生徂徕』、岩波书店、1973 年、第 12 页。

[3] 同上，第 13 页。

荻生徂徕把孔子置于旁侧，追溯比孔子更早的起点人物，即古代先王。与主张"一身"（个体）修身为根本的朱子学逻辑相反，荻生徂徕并不认为修身之后才能达成的"安天下"是一种自然摄理的结果，反而看作是其根本目标。换言之，并非人人都可以通过"修身"成为圣贤，而应当抛弃成为圣贤的目标，在圣贤的"安天下"的愿景之下各司其职即可。朱子学以"安天下"为"心"，将其看作"仁"。在原本的理解中，"心"意味着"一身"（个体）的诚意，是在实现个人层面的"修身"过程中首先应当具备的素质。荻生徂徕彻底颠倒了朱子学的过程与其中修身的价值，对其做出所谓的革命性解释。在丸山真男对荻生徂徕的正面理解中，"先王之道"是将先王作为人的主体性予以积极的肯定。然而事实上，毋宁说荻生徂徕是革命的反对者。下面的引文可以窥见荻生徂徕的立场。

> 人伦明于上而小民亲于下，故曰亲民，何必改新民，新民出《康诰》，革命之事也，大学之教，岂以之乎。❶

朱熹是对朱子学做出体系性建构的重要人物。他指出古代儒学经典《大学》中的"亲民"一词应订正为"新民"，而这正是荻生徂徕要批判的地方。朱熹在每日自省、自我更新、充满活力的民众意义上提出对"新民"的理解，荻生徂徕则认为"新民"是《尚书·康诰》中所指革命之事，没有出现在《大学》中的道理，因而原来的"亲民"更为准确。在荻生徂徕看来，圣人

---

❶　荻生徂徕「弁道」、『日本思想大系·荻生徂徕』、岩波书店、1973 年、第35 頁。

之所以为圣人，是因为这个人本身具有了圣人的素质。这个素质是与生俱来的，不可能通过教育实现。在此意义上，荻生徂徕恐怕恰恰是提倡"永久革命"的丸山真男所梦想的一个距离日本"现代"极为遥远的人物。

对荻生徂徕的关心不仅限于丸山真男，加藤周一也具有同样的问题意识。他在《日本文学史序说》中讨论了不少儒学学者，尤其给荻生徂徕相当的笔墨，全书共计提及荻生徂徕三十九次。与此相对，提到贝原益轩十次，伊藤仁斋十六次，本居宣长二十三次。在加藤周一看来，如果说贝原益轩将宋学拆解为物理学，伊藤仁斋将宋学拆解为伦理学，那么荻生徂徕则将宋学发展为政治哲学。然而，加藤周一对荻生徂徕也有这样的批评。

> 在 17 世纪后半叶的日本思想家中，无论蕃山、素行还是暗斋，也包括益轩和仁斋，这些学者都注意到了古代儒学和宋学（朱子学——译者注）之间的差异，并就此对宋学展开批判。但只有到了徂徕那里，才首次确立了一种贴近古代儒学本身的方法（《古文辞学》）。换言之，以古代儒学为出发点，对那之后的历史进行相对化的理解方法（对"先王之道"的绝对化）被发明了出来。然而，徂徕的历史方法没有通过某种超越性的视角将先王的时代与其后的历史时代进行分割，也没能将某一历史时代的特殊性还原到普遍原理中去。❶

加藤周一敏锐地指出，荻生徂徕并没有"将某一历史时代的

---

❶ 加藤周一『日本文学史序説　下』、筑摩書房、1980 年、第 70 頁。

特殊性还原到普遍原理中去"。

荻生徂徕出生在医者家庭，是德川纲吉继承将军之位前的御用医生。荻生徂徕在七八岁时已能用汉语写日记，从十二三岁开始能够直接阅读没有句读的汉文典籍。他曾经崇拜伊藤仁斋，向其寄出书信，却没有收到回复，此后开始了对仁斋理论的批判。此外，在他失意的时期，据说也怨恨过掌握权力的新井白石。在这些经历之后，荻生徂徕最终确立了自己独特的学术和方法。加藤周一对荻生徂徕做出了中肯的评价并指出，一方面，荻生徂徕认为支撑古代制度的原理有一种超越古今东西的普遍性，他抱着这种信念以文献学的方法仔细考察了古代的制度；另一方面，荻生徂徕也尊重具体的事实、个别的制度、特殊的政治技术在每个时代与社会状况之中表现出的不同形态。

不同于丸山真男论述中对"徂徕"的偏爱，加藤周一更看重富永仲基。活动于江户时代、英年早逝的儒学学者富永仲基发明了一种不基于某一种单一的思想而是兼收并蓄了多种思想的"加上"学说。在加藤周一看来，它的思路与荻生徂徕的"先王之道"在理路上相去甚微，甚至可以说，"先王之道"为"加上"学说的到来铺垫了道路。富永仲基的思想为加藤周一带去极大冲击，多次出现在加藤周一的不同著作中，可以说富永仲基是其心目中站在日本儒学的顶点、堪称理想的日本人肖像的人物。加藤周一以富永仲基为题材撰写了戏剧剧本《消失的版木》❶，并成功将该作搬上舞台。这也从侧面证明了富永仲基在加藤周一心中的特殊地位。加藤周一曾这样描述富永仲基的"加上"学说。

---

❶　加藤周一『富永仲基異聞：消えた版木』、かもがわ出版、1998 年。

所谓"加上"，指的是"把一个东西加到另一个东西上面"，表现了思想家为超越前人所下的功夫。换言之，"加上"概念关系到思想的历史性发展的内在逻辑。❶

富永仲基在大阪怀德堂求学时，因批判儒学而遭到驱逐，于三十余岁的年轻光景病逝，故著述极少。最初发觉其思想独特性的是内藤湖南。富永仲基反对荻生徂徕对"先王之道"的绝对化，对绝对性的价值或真理式的主张持否定态度。这就是他的"没有什么是绝对不变"的"无定说"。

佛灭久远，人无定说，亦无可依凭之籍，皆随意改易，口相传授，宜哉一切经说，皆不胜其异，其不可信从如是也。❷

富永仲基主张"言有三物"，分别是"言有人"、"言有世"和"言有类"三种。这三个范畴构成了富永仲基的基本概念，分别对应"加上"、"语词的意义变化"和"习惯"（隐语）这三个日本的国民性。加藤周一这样描述：

仲基的方法比徂徕的方法更为彻底，否认所有时代的所有思想家主张的绝对性价值和真理。他是日本的第一个，同时恐怕也是迄今为止唯一一个拥有纯粹客观性的思想史学家，在任何意义上都没有被儒学的信仰体系所束缚。❸

---

❶　加藤周一『日本文学史序説　下』、筑摩書房、1980 年、第 132 頁。
❷　『富永仲基　山片蟠桃　日本思想大系43』、岩波書店、1973 年、第 20 頁。
❸　加藤周一『日本文学史序説　下』、筑摩書房、1980 年、第 133 頁。

富永仲基顺着"五伯之道"，即尧舜的"王道"，杨朱的"帝道"以及庄子思想等追溯儒学的源流；在佛教的方面，则沿着"空处""识处""无所有""非非想""有""空""不空实相"（小乘）的顺序把握。对此，加藤周一指出："仲基尝试将这些数量庞大、相互矛盾的经典关系解释为一个历史性的发展，这在他的时代是极具独创性的。"❶ 此外，加藤周一还高度评价了富永仲基对神道的看法：

> 仲基不将神道作为日本国家本土的思想和特殊性去把握，而是试图用与认识儒学和佛学基本相同的方法认识神道。这正是他向我们开启的精神大门之所在。❷

加藤周一认为"加上"学说可能受到荻生徂徕的影响。关于这部分论述，可以在加藤周一与汤川秀树的对谈中找到。

> 加藤：第一个理由是，如您所言，比起佛学，儒学的历史中拥有更多适合通过"加上说"解释的部分。第二个理由是，徂徕的古文辞学，如果稍加发展，或者说将其稍微推那么一下，不就变成"加上说"了吗。
>
> 汤川：是吗？您这样想。
>
> 加藤：这是第二点。第三个理由是，一些传记性质的资料表示，徂徕的至交是富永仲基弟弟的老师，弟弟跟着徂徕的好朋友学习。这里虽然没有证据，不过我觉得，仲基既然与弟弟关系要好，恐怕不会没有见过那位老师吧。

---

❶❷　加藤周一『日本文学史序説　下』、筑摩書房、1980 年、第 134 頁。

汤川：还有这样的事！

加藤：所以说，仲基恐怕不仅通过书本，也通过徂徕的好朋友在一定程度上了解了古文辞学。这就是我的第三个理由。我说"加上说"可能源于儒学，就是这个意思。

汤川：原来如此。

……

加藤：对于从徂徕到仲基的思路，简单地说，徂徕不是否定朱子学吗？尽管在古文辞学的方面和宣长有些相通之处，但在一个哲学家的立场上，徂徕有否定朱子学，主张回归先王之道的部分。先王之道就是——我说的未必准确——所谓的先王是一种绝对化了的权威，也相当于您说的佛陀。

汤川：是这样的。

加藤：我的描述未必准确，总之是用这个类似于先王之道的想法，把在那之后精炼了的、清晰化了的各种儒教学说相对化，对其展开历史性的批判，这里如果只采取先王之道，就基本相当于"加上说"了。当然，"采取先王之道"这件事说起来容易做起来难，假设它是可能的话，就是一次思想上的重大革命。鉴于徂徕学说在结构上确实存在这种特征，说不定其中有一些关联呢？❶

关于富永仲基与荻生徂徕的关系，以及富永仲基如何受到荻生徂徕的影响，加藤周一列举了三个原因：第一，"加上说"最适合用来说明儒学的历史；第二，"加上说"是荻生徂徕古文辞

---

❶ 加藤周一「対談　言に人あり：湯川秀樹氏と」、『三題噺』、筑摩書房、2010年、第248－251頁。

学理论的延长；第三，则是一个缺乏实证的猜测，即富永仲基可能经由朋友关系等与荻生徂徕存在间接的交流。加藤周一通过将荻生徂徕的"先王之道"理解为从后世儒学中剥离出来的学说，指出其与富永仲基的"加上说"的联系。换言之，在某种意义上，这两种学说可以被理解为从完全相反的立场共享同一理路。加藤周一一方面谦虚地主张自己对荻生徂徕的描述"可能不准确"，另一方面则指出富永仲基将各种学说予以相对化的"加上说"正是采取了一种历史性批判立场的思想。

在此基础上，加藤周一向我们展示了"徂徕—仲基—宣长"三人在思想史上的连贯性。在这个对谈中，加藤周一这样解释自己对富永仲基产生兴趣的原因。

> 这是我在以自己的方式对日本思想史做出一点考察之际，发觉的作为思想家的独创性。富永仲基对思想史几乎没有任何影响力，我却对他思考中惊人的独创性着迷。这种独创性就是加上学说。它编织了一种方法，使得我们可以从思想史的角度将儒学、佛学和神道放在一起加以考量。在与古文辞学的关系上，也处理了语言的变迁，或者说语言如何作为思想表达工具的问题。在此过程中，富永仲基试图将语言本身认识为历史性的现象，分析并把握它的发展、分类和流变的过程。这是从荻生徂徕、富永仲基到本居宣长一路延续下来的。我这个说法可能比较粗暴，尤其是其中第三个层面，也就是"习惯"，在某种意义上是文化人类学式思考的萌芽。❶

---

❶ 加藤周一「対談 言に人あり：湯川秀樹氏と」、『三題噺』、筑摩書房、2010 年、第 251 –252 頁。

加藤周一感兴趣的是富永仲基思考中的独创性。这位从历史的角度来看，几乎没有产生什么影响的思想家之所以令加藤周一感到折服，是因为其思想具备一种将"儒学、佛学和神道放在一起加以考量"的独特性。这意味着人们可以用同一种方式处理上述截然不同的思想。

将各种学说相对化的独创性方法，不仅适用于日本的江户时代，在当代日本也有适用的普遍性。加藤周一将这一普遍性放在了荻生徂徕、富永仲基和本居宣长的学说脉络中比较。加藤周一与丸山真男都以这些性格各异的儒学学者为分析对象，而他们各自的理论却指向不同的方向。土田健次郎这样分析加藤周一与丸山真男的不同。

> 丸山真男首先将朱子学设定为符合幕府的政治姿态学说，再从否定这一学说的角度，对仁斋和徂徕以他们的登场顺序展开论述。然而就仁斋而言，尽管他将朱子学发展为仁斋学，这只能说是他个人的思想经历，因为当时的社会整体并没有完全被朱子学所覆盖。徂徕也是一样，他克服了自身醉心于朱子学和仁斋学的阶段，构筑出一套属于自己的理论，然而这也只是他个人的思想经历。……在我们看来，朱子学之于江户时代的意义，并不在于它作为一个学派得到了繁荣发展，而在于它催生了反朱子学或非朱子学——后者恰恰是因为朱子学的存在，才获得了理论表达的可能。❶

土田健次郎指出，日本思想在江户时代得到的发展体现为江

---

❶　土田健次郎『江戸の朱子学』、筑摩書房、2014 年、第 96 頁。

户的儒学学者个人的思想经历和思想构筑。在笔者看来，这一看法同样适用于评价富永仲基，也符合加藤周一眼中富永仲基不被任何既定体系和信仰束缚的形象。加藤周一正是审慎看待唯一且绝对的价值观，秉持一种相对且客观的史观，才会与富永仲基的"加上说"产生强烈的共鸣。

（三）传统的"革命"与"局限"

加藤周一与丸山真男合著的《翻译与日本现代》一书于1998年出版。这本书在丸山真男去世前，由加藤周一执笔，而且加藤周一趁着丸山身体状态稍好一些的时候，多次征求过他的意见。❶ 遗憾的是，丸山真男没能等到出版的那一天。在这本书中，两名作者将注意力投向中国知识分子严复（1854—1921）。围绕日本明治时期的翻译与同时代世界观的关系，加藤周一针对"进化论"提出了疑问，丸山真男则答复道：

> 我倒觉得日本不存在世界观，这件事与中国比较一下就明白了。中国在严复以后受到进化论的影响是决定性和革命性的。严复将赫胥黎的《进化论与伦理学》（*Evolution and Ethics*）翻译成《天演论》。天的演变和运动是令人吃惊的，因为中国人从很早开始就信仰天。天是一个和神一样永不运动的、绝对的实在。这个天一旦开始运动，万物就都成了相对的。严复本人是用易来说明的。朱子学之后，"太极"和"理"这些终极实在——"理"类似于亚里士多德的纯粹形

---

❶ 丸山眞男・加藤周一「世界観にどう関わったか」、『翻訳と日本の近代』、岩波書店、1998 年、第 156–157 頁。

式——都作为万物的根基，作为运动背后的那个绝对不动的不变之物存在。在这里，严复说出"一切都是运动的"，对中国知识分子而言，相当于几千年的古典哲学基础都被颠覆了。反观日本，我们的儒学没有太多"理"的契机，而是"气"的哲学。日本从古到今都是万物流转的思考方式，并不那么关心永恒的实在。❶

严复将儒学的"天"的概念与赫胥黎的"进化"相连，这在丸山真男看来是革命性的。通过这种对中国现代的观察，丸山真男比较了当时的中国与同样以儒学为传统的日本，试图清晰地捕捉日本现代的样貌。正如笔者先前的分析，竹内好以鲁迅翻译为抓手，呼唤日本文化的"革命"。换言之，丸山真男与竹内好同样认为"是中国掀起了世界观意义上的思想革命"❷，都指出日本文化缺乏"能动的主体"。正如笔者分析过的竹内好理论遭遇的局限，为丸山真男所称道的严复，同样也面临这个局限，而且我们可以在严复革命性的翻译中放大观察这个局限。

在知识、思想和技术层面出现了世界性显著差异的 19 世纪后期，严复是为处于封建社会末期的中国带来西方思想的最重要人物之一。严复出生于福建省的医学世家，为考取科举功名自幼开始学习，却因父亲病逝而家道中落，不得不放弃科考，进入当时洋务运动成果之一、以培养海军人才为目标的福州船政学堂求学。严复在其中接受了英语、数学和物理学等远离传统教育的西式教育。这一经历对严复后来的发展道路产生了决定性影响。

---

❶　丸山眞男・加藤周一『翻訳と日本の近代』、岩波書店、1998 年、第 157 頁。
❷　同上，第 159 頁。

1877 年，严复以留学生身份远渡英国，其后于海军学校学习军事。英国留学期间，严复不仅习得了与军事有关的知识，也在对西欧的文化思想的广泛汲取中深受触动。1880 年，严复回到中国，被李鸿章在天津创设的北洋水师学堂聘为名义上的总教习，以这一身份在那里度过了二十年时光。1894 年，甲午战争爆发。在次年以失败告终后，洋务运动自此逐渐展露其局限性。此后，严复在《直报》上陆续发表《论世变之亟》《原强》等文章，正式开展启蒙救亡的工作。

在严复翻译的一系列西方著作❶中，代表作《天演论》首次将进化论介绍到中国，在清末风靡一时。辛亥革命后，严复因参加"尊孔复古"的袁世凯帝制运动被贴上保守主义的标签，在失意中度过了晚年。不过，他的译作与提倡的"信达雅"的翻译方针，在百余年后的当代中国仍极具影响力。

严复的翻译被学界当作中国跨入 20 世纪之时，知识分子对当时的文化和历史状况做出的意识回应而予以把握、评价和研究。同时，在学界研究中国文明与西方异质性文明发生碰撞时的应对和变化方式之际，严复的翻译也提供了一手资料。不过，对

---

❶　严复翻译的经典著作如下：

《天演论》，赫胥黎，（*Evolution and Ethics*，Thomas Henry Huxley）1896 年。

《原富》，亚当·斯密，（即《国富论》，*An Inquiry into the Nature and Causes of the Wealth of Nations*，Adam Smith）1901 年。

《群学肄言》，斯宾塞，（*The Study of Sociology*，Herbert Spencer）1903 年。

《群己权界论》，约翰·穆勒，（*On Liberty*，John Mill）1903 年。

《社会通诠》，甄克斯，（*A Short History of Politics*，Edward Jenks）1903 年。

《法意》，孟德斯鸠，（即《论法的精神》，*The Spirit of Laws*，Montesquieu）1904 年。

《穆勒名学》，约翰·穆勒，（*A System of Logic*，John Mill）1905 年。

《名学浅说》，耶方斯，（*Primer of Logic*，William Stanley Jevons）1909 年。

于严复翻译的评价历来褒贬不一，其主要原因在于，严复并不主张对原书逐句翻译。与此同时，他提倡分解原文结构，以一种近乎偏执的姿态为原文加上详细的注解。严复将这一方法称为"达诣"❶，认为这是翻译工作应有的姿态。据一种统计，《天演论》中严复添加的意译（创作式翻译）占到全文的百分之四十一点九二，对原文的补充、修改和批注多达二百零二处。❷

这源于严复本人的翻译态度和理想。严复选择以桐城派的散文方式为确保译文"达"的媒介。桐城派是清代散文流派之一，因其最初的主张者皆为安徽桐城人而得名。桐城派的理论与唐宋八大家的古文并行，"义法说"是其特征，即重新主张文章创作在内容上应反映儒学理念的"义"，与在行文上应避免俗语和修饰、保持质朴的风格的"法"。不同于当时汉学家的训诂与骈文家的修辞，桐城派竭力追求文章的雅洁，其影响力一直持续到清末。❸ 在严复看来，汉代以前的遣词造句更适合传达"微言大义"，换成晚近的俗语则十分困难。❹ 显然，他的翻译针对的读者并非一般大众，而是通读中国古典的知识分子——为表达只有这类人物才能理解的深远道理，就必须选择与之相称的文体。

正如增田涉指出的，"那些在'文学革命'时期作为领军人物留下了光辉足迹的知识分子，大抵都在青少年时期受到过来自

---

❶　三浦具嗣「厳復の翻訳：西洋思想の中国化と普遍主義」、『紀尾井史学』2002 年 3 月号、第 44 頁。

❷　黄忠廉：《变译之"加写"功能研究——以严复译〈天演论〉为例》，载《外语与翻译》2015 年第 3 期，第 1 页。

❸　青木正児『清代文学評論史』、岩波書店、1950 年。

❹　严复：《与梁启超书》，收入王栻主编《严复集》，中华书局，1986 年，第516 页。

严复翻译的不容小觑的影响"。❶ 的确，以鲁迅和胡适为首的文学家和学者，有不少在青年时代痴迷于严复的译介作品。少年鲁迅对《天演论》爱不释手，甚至达到可以熟练背诵的地步。❷ 在胡适那里，也有因十四岁接触《天演论》后十分喜爱，便在少年时期将名改为"适"，字起为"适之"以切合"适者生存"一词的美谈。由此可见，严复的翻译是怎样撼动了"有教养的学童的心"。尽管《天演论》在出版后短短几年便风靡全国，甚至成为当时中学生的读物，但真正理解赫胥黎在科学史和思想史上贡献的读者，却可谓少之又少。胡适一方面指出"他（严复）的译本在古文学史也应该占一个很高的地位"❸；另一方面批评其中"优胜劣汰""天演""物竞"等关键词之所以被当时的年轻人流于口号，是因为严复的行文过分"古雅"，相较于严复译本，当时年轻读者更多受到以简洁明快著称的梁启超（1873—1929）译介的影响。❹ 鲁迅与较他年轻十岁的胡适不同，尽管对严复的精彩译文喜爱到可以背诵的程度，却既不崇尚"物竞天择""适者生存"这些词汇，也不信任顺应这一潮流的现代思想。准确地说，鲁迅将自身思想形成时期遇到的"天演论式"的思考，一定程度地纳入了自身思想。而更重要的思想课题，则恰恰是他对这种理论的克服。

与此同时，严复译《群学肄言》的作者斯宾塞的书，在日本也出版过多个日译本，引起巨大反响。与严复同龄的松岛刚

---

❶ 増田渉「厳復について」、『人文研究』1957 年第 7 号。
❷ 熊月之：《西学东渐与晚清社会》，中国人民大学出版社，2011 年，第 560 页。
❸ 胡适：《五十年来中国之文学》，收入《胡适文集 3》，花城出版社，2013 年。
❹ 胡適『胡適自伝』、吉川幸次郎訳、養徳社、1946 年、第 87－88 頁。

（1854—1940）在早于严复的明治十四年（1881），便将 *Social Statics* 译为《社会平权论》在日本出版。丸山真男在论及此事时指出：

> 因书名翻译产生的极大影响，其中典型的例子就是刚才说到的斯宾塞的 *Social Statics*。"社会的静力（平衡）"这个标题被松岛刚译为《社会平权论》，由此成为自由民权运动时代的畅销书。六卷本的大部头，卖得极好。但我还是要重复刚才的意见，斯宾塞的思想在当时算不上那么先进。❶

正如丸山真男所言，这部作品在日本一时洛阳纸贵到了这样的程度：

> 印多少都不够，市内的书店塞满了等待刚装订好的书的读者——就是卖到了这个地步。土佐的立志社等收到的订购电报，都是几十本几百本一单的……总销量恐怕达到了几十万册。❷

相比之下，严复译本首印六千册左右，就算加上十次以上的加印，销量也只有六万册。❸ 尽管严复的翻译在中国引起巨大反

---

❶ 丸山眞男・加藤周一『翻訳と日本の近代』、岩波書店、1998 年、第 111 頁。

❷ 柳田泉「『社会平権論』訳者松島剛伝」、『明治初期翻訳文学の研究』、春秋社、1961 年、第 365 頁。

❸ 廉泉：《与严复书四》，收入孙应祥、皮后锋编《〈严复集〉补编》，福建人民出版社，2004 年，第 376 页。

严复：《与熊季廉书二十五》，收入孙应祥、皮后锋编《〈严复集〉补编》，福建人民出版社，2004 年，第 251 页。

贺麟：《严复的翻译》，收入商务印书馆编辑部编《论严复与严译名著》，商务印书馆，1982 年，第 29 页。

响，可在这部作品上，其销量却无法与明治初期的日本译作比肩。

严复的翻译与其说力求贴合原作者斯宾塞的思想，不如说更切合中国读者的语境。他本着对传统文化最高的敬意，意图融合东方思想与西方思想的翻译实践，但最终只传达到数量极为有限的士大夫阶层，这不能不说是一个遗憾。原本严复经由翻译试图传达的"经验叙述"是对西方思想与自身的儒学经验的交融。这一"主体性叙述"正是他所谓的"达诣"的内涵，也是来自他"自我"的强烈诉求。为此，严复在翻译中能够主动选择的方法只有将"达诣"与桐城派的辞格结合。

西方最重要的严复研究者，哈佛大学的本杰明・I. 史华兹（Benjamin I. Schwartz）教授高度评价了严复在东西方思想融合课题上实现的巨大功绩。"严复在将起源于西方的概念引入中国时，试图在自身所处的中国传统思想的语境下对其做出解释"，"如果能够像严复一样，有一双从内部观察传统文化的眼睛，我们就会发现所谓的传统文化是由许多相互斗争的、针锋相对的趋势构成的复合体。同时，对于西方思想，严复也没有将其理解为一个实体性的整体，而是对一个特定的、包含了十八九世纪思想的复合体的元素做出了回应。"❶ 此外，史华兹还指出，严复在翻译中做出了极为精妙的操作，并对这种操作做了善意的理解，即作为一个接受新词汇和新概念，并将其引荐给自己所在社会的文化搬运者。严复谨遵当时社会的需求，对外来用语做出符合当时文化的解释。只不过，在这一解释和翻译中生命力的缺失也正如史

---

❶　B. I. シュウォルツ『中国の近代化と知識人：厳復と西洋』、平野健一郎訳、東京大学出版会、1978 年、第 92 頁。

华兹的感叹："然而讽刺的是，严复在此之上创造出来的新词基本都在与当时日本制造的新词的交战中败下阵来，直至消逝。"❶在此，一方面可以看到严复的翻译如何高质量地发挥过功能，另一方面也能明确察觉到其中的局限性。这一翻译的局限性也是视野的局限性、思想的局限性，或者说是传统本身的局限性。

在吸收西方思想之际，严复始终对其保持了一定的观察距离，紧贴儒学传统与其背后的精英阶层，将其改写为古汉语的表达。可以认为，严复对西方思想保持了客观的距离，但对于儒学与其背后的精英阶层，这种距离感和客观性却有所欠缺。这造成了严复一方面汲取西方思想，另一方面在中国的土地上呼唤"自由"。然而即便这一"自由"思想能在当时中国知识分子的儒学语境中实现本土化，却也没能在严复自身内部实现他作为个体的本土化。严复始终被当时中国社会与他周遭的价值观所裹挟。在笔者看来，他自身尚未进入一种自由的状态，他呼唤的"自由"也只是一种在不自由状态之中的自由。

一般认为，"本土文化"指的是从那片土地中生长出来，根植于那片土地的传统的固有之物，而"本土化"指的是在自身的文化背景中理解的外来思想文化。在笔者看来，严复即便身处在自身"本土化"的过程中，即从被自身所属的集团、阶级、社会观念和价值观等种种限制解放的过程中，也依然没能将自身的"本土性"对象化，而是将根植于自身存在的经验和思考方式，将自身的"本土性"作为不言自明之物接受。

---

❶　B. I. シュウォルツ『中国の近代化と知識人：厳復と西洋』、平野健一郎訳、東京大学出版会、1978 年、第 93 頁。

为丸山真男所称道的严复的"革命性"成果，果真是一种值得效仿的"成功"吗？严复"翻译"着西方科学和儒学这两种体系，然而为了打通二者之间的普遍性，就必须跨越传统儒学的局限性，可他并没有做到这一点。这个局限性同样适用于"现代"和"传统"的关系。正如笔者已经论述过的竹内好遭遇的局限，丸山真男所称赞的严复同样也面临这个局限。竹内好以鲁迅翻译为抓手，召唤日本文化的"革命"。丸山真男则与竹内好同样认为"是中国掀起了世界观意义上的思想革命"，也同样指出日本文化缺乏"能动的主体"。❶ 与此相对，加藤周一则明确了"本土世界观"的框架，承认其中被动的主体性，提示了日本传统在面对外来文化之时转型的重要性。在笔者看来，加藤周一提供了得以超越现代、本土化、传统、儒学等种种局限性的新视点。

笔者在第一章提到，在 2012 年到 2013 年，日本社会围绕自民党《日本国宪法修正草案》展开激烈的讨论时，著名宪法学者樋口阳一以回溯 20 世纪 50 年代末日本知识氛围为契机，出版了《加藤周一与丸山真男》一书。他在书中指出，加藤周一与丸山真男这一"坐标轴"，时至今日仍在不同领域为日本人所共享，在社会中发挥着功效。此外，樋口阳一还提到，加藤周一将"知识阶级"置于"作为孤立、少数的例外知识分子"的对立面加以谈论的意义。

> 需要注意的是他（加藤周一———引者注）在战后初期频频使用的"知识阶级"一词。在他的定位中，这是"作

---

❶　丸山眞男・加藤周一『翻訳と日本の近代』、岩波書店、1998 年、第 189 頁。

为孤立、少数的例外知识分子"的对立面。"知识阶级"指这样这一类阶层：或是"……大学毕业后衣锦还乡，当上翼赞壮年团团长的地主家的儿子"，或是"飞上枝头变凤凰的官僚"，甚至"学生"也属于"知识阶级最年少的团体"。❶

随后，他介绍了加藤周一对"知识阶级"的一个典型——"星堇派"诗人的批判。所谓"星堇派"，正如其名，指那些向星星与紫罗兰赋怀的浪漫派诗人。在战后的一篇时评中，加藤周一掀起"星堇派论争"，将矛头指向"二战"时期的日本文艺青年，批判他们只会伤春悲秋，没有任何回应历史、面对现实的勇气和责任感。正如樋口阳一转引的：这些年轻人读过不少书，操持着相当精致的感觉和理论，然而一旦面对重大的历史性、社会性现象时，除了重复新闻报导外，说不出别的。

加藤周一在《日本文学史序说》中以林达夫、石川淳、小林秀雄这三个人作为全书最后的坐标轴，并表示自己无法评论自己的同时代人，留待后人评说。而在日本当代学者樋口阳一的上述著述中，加藤周一本身也与丸山真男一起成了新的坐标轴。加藤周一也许早想到了这一点，他甘愿成为"例外"的一员，并为之自豪。如同《日本文学史序说》之所以叫作"序说"一样，这是加藤周一给未来的留白，也是给后人的留白。随着时间的流逝，我们携手走向未来，而如何看待不同于本土的外来文化，如何在保持传统的同时创新文化——当思考这些问题的时候，加藤周一的"例外"思想也许恰好能够提供一个崭新的视角。

---

❶ 樋口陽一『加藤周一と丸山眞男：日本近代の〈知〉と〈個人〉』、平凡社、2014 年、第 49 頁。

第五章

"例外"与"单独者"

一 对竹内好与丸山真男的传承

丸山真男于 1952 年迁居东京都武藏野市吉祥寺。在直到 1977 年竹内好去世的将近二十五年间，丸山真男与同住吉祥寺的竹内好和埴谷雄高，以及住在杉并区高井户的武田泰淳保持着亲密的思想交流。1968 年，丸山真男卷入东京大学的"大学纷争"，因过度劳累而病倒。在其后的 1971 年辞职直至 1996 年病逝的二十五年间，他几乎没有什么作品。与此同时，加藤周一于 1975 年和 1980 年出版的《日本文学史序说》（上、下），可以说丰富了这一时间段的日本思想史领域。

竹内好在回顾种种"亚洲主义"时使用的"失之交臂"的说法，是在论述情怀层面的"抵抗的亚洲"与"思想性的亚洲主义"如何擦肩而过。对于不具体理解"亚洲主义"而完全将其作为"方法"提出"作为方法的亚洲"的竹内好来说，这也是一种极具其个人特色的表达。竹内好在许多场合表示，从丸山真男的工作中获益良多。在丸山真男那里，也有被竹内好临终书信中多次出现的"努力"二字鼓舞的逸事，他同样受到不少来自竹内好的影响。这也从一个角度彰显了二人在思想上的共通性。

如果说竹内好的课题是对"亚洲"特殊性的固执追寻，那么丸山真男工作的核心，用田中久文的话概括则是："一言以蔽之，在我们国家的思想史中寻找某种思想萌芽，以树立一个拥有规范意识的强主体性"❶。在田中久文看来，主张"关系"伦理学的和辻哲郎与主张主体性的丸山真男之间形成对照关系，正如主张"绝对无的场所"的西田几多郎与主张"虚无中的形成"的三木清之间的对抗关系一样。田中久文将丸山真男的思想看作关于"主体性"的思想，评价了其在日本思想史中的意义。

> 在日本，关于"场所"和"关系"的思想已经在西田或和辻等人那里得到系统性的展开，而关于主体性的思想，除了三木这样少数的例外，可以说至今没有得到充分的论述。在此意义上，丸山对于现代日本思想史有着重要的意义。❷

正如松泽弘阳所指出的，竹内好在高度评价丸山真男日本思想观的同时，却在 1949 年批判了其对中国的观点。❸ 丸山真男将近代中国的现代化落后于日本的原因归结为"华夷思想"。虽然竹内好基本同意这个判断，却对丸山真男将"落后"理解为"落后"本身提出了质疑。竹内好认为，不仅要注意时间的差别，还要注意质的差别，并列举了约翰·杜威的中国观作为比照。在杜威那里，近代中国的现代化尽管在时间上落后，却体现了质的优越。竹内好引用了杜威对中日文化的比较论断后，做出如下论述：

---

❶ 田中久文『丸山眞男を読みなおす』、講談社、2009 年、第 8 頁。

❷ 同上，第 11 頁。

❸ 松沢弘陽「丸山眞男における近・現代批判と伝統の問題」、大隅和雄・平石直昭編『思想史家丸山眞男論』、ぺりかん社、2002 年、第 274 頁。

杜威在 1919 年到 1921 年逗留中国期间，见证了五四运动的过程，认可了其中存在的新式精神的萌芽。在他看来，那新式的精神从中国固有的传统中自发地成长出来，因此有着坚实的根基。对中国而言，外来思想的影响只作为引出自身本质的工具，而不会损坏其文化的独特性。……在杜威看来，日本来自传统的负担较小，容易成功吸收欧洲技术，但根上古旧的东西恰恰被保留了下来。中国由于对传统的抵抗十分激烈，以至于尽管他们的现代化在时间上是落后的，但反而实现了彻底的变革，建立了国民心理层面的革新这一本源的根基。……就为何中国现代化是成功的，而日本是失败的，杜威站在终极的立场，将其原因归结为是否拥有固有文化的差别。❶

竹内好援引杜威，指出近代中国的新精神来自对"固有的传统"的强烈抵抗，是以彻底的变革为基础的"本质性之物"；与此相对，日本保留了"古旧的东西"，却没有一个"固有的文化"。此处所谓"古旧的东西"，指的是不彻底的东西，是个人由于从属于其所在的集团而导致的主体性的缺失。竹内好进一步指出日本的现代"仅仅借用"了西欧文化的种种"结果"，而不是从根源中创造出来的。与此相对，近代中国的现代则属于"从内部实现彻底的自我改造"。

中国的文明是创造出来的，它没有如日本那般向外物借

---

❶ 竹内好「日本人の中国観」、『現代中国論』、河出書房、1951 年、第 18 - 19 頁。

力的习惯。因而，无论是制度还是思想，都无法仅仅借用从欧洲文明成长出来的结果。除了从内部实现彻底的自我改造，没有第二种改革的方法。在日本的现代中看到的内在生活与外在生活的双重性或矛盾性——尽管不可持续，但至少在形式上加快了现代化的速度——在中国是不被允许的。❶

竹内好认为，中国五四运动产生的新精神和新萌芽形成于中国固有的"传统"。在此，外来思想是一个引出这种"传统"的道具。竹内好对杜威逗留中国时期的这段论断的援引，恰恰成为连接他自身的工作与丸山真男的工作之间的桥梁。他向丸山真男以发问的形式提出如下质疑：

> 将杜威的看法极端化就会变成宿命论，仿佛只能得出一个结论：日本原本就缺乏以此为核心、实现自我发展的原动力或道德。果真是这样吗？❷

这篇写于 1949 年 9 月的文章以提出"果真是这样吗？"的重要问题结尾。此后，1950 年 8 月号的《展望》刊出了一篇以《被占领心理》为题的座谈会记录。丸山真男、竹内好和日本的法国文学研究者前田阳一出席了该会议，就中国文化与日本文化的理解方式问题展开对谈。

> 丸山：说到"让日本人别再东张西望，先在自己国家的文化和传统上站稳脚跟再行动"的想法，是很有道理的，但解决起来很难。在中国的民族意识中确实可以感受到传统的

---

❶❷ 竹内好「日本人の中国観」、『現代中国論』、河出書房、1951 年、第 20 頁。

强势，而在日本，作为展现各种形态的过往民族文化的某种根据，出现民族主体性了吗？在这种传统形式中，我看不到未来的希望。我悲观地觉得，只有完全否定过去的传统，才可能出现民族主体性。

前田：如果像美国那样从零开始就好办很多，日本有太多旧障碍，问题完全不一样。

丸山：请教一个竹内经常写的领域——在中国，这种传统与革命精神是怎样结合到一起的呢？

竹内：我可能无法很好地说明，但无论如何，中国拥有一个核心文化。……尽管中国人接受了各种外部事物，却不像日本人那样把那些东西当成衣服往身上一披，而是将它转化为自身内在的力量——包括起初对这种接受行为的顽强抵抗，也是形成其自身根源性力量的媒介。在这一点上，与日本是不一样的。❶

对谈中，丸山真男吐露了自己对于日本民族主体性的悲观态度。如果说日本与美国情况不同，无法比较的话，那么在与同样拥有"传统"的中国的比较中，竹内好则指出中国有一种将"抵抗"精神作为"形成自身根源性力量的媒介"。在此意义上，日本与中国也不相同。丸山真男与竹内好同时将"主体的缺失"视为日本战后的问题，并对此表示忧虑。可以认为，二人就此问题共享了同一个立场，但加藤周一则与他们不同。他从"本土世界观"这一"主体性的力量"与"被动的主体性"的两个方面，

---

❶ 丸山眞男『丸山眞男座談 2：1950—1958』、岩波書店、1998 年、第 15 頁。

对日本的主体性予以认可。对于作为日本文化基础的"本土世界观",加藤周一怀有部分肯定和部分否定的态度。正如笔者在第二章中分析的,加藤周一肯定了其中"现世主义"的部分,批判了其中将时间与空间分节化的"集团主义"和"现在主义"的部分。

1960 年,丸山真男在《忠诚与反叛》❶ 一文中提出著名的"谏诤"概念。"谏诤"原为规劝尊长之意——众所周知,丸山真男强调的是"对原理的忠诚",而非对"个人或集团的忠诚"。1963 年,丸山真男对日本思想通史的探索以课程讲义的形式展开,在其中讨论了"十七条宪法""镰仓佛教""武士的品格"(ēthos) 等日本思想的母题,并在对历史上日本思想的崇山峻岭的逐一攻克中摸索突破的道路。❷ 这或许是竹内好"果真是这样吗?"的疑问回荡在丸山真男内心的缘故。包括其后丸山真男对日本思想的"原型"展开的探索,都可从其中窥见来自竹内好问题意识的痕迹。

> 我们的任何传统宗教都没有起到如下作用:在与新时代涌入的意识形态思想的对决中,通过这一对决使传统获得自觉的重生。这导致新思想被一件一件地、缺乏秩序地堆砌起来,加剧了现代日本人精神的杂居性。由于试图应对这一事态的权力核心与精神"轴心"恰恰是日本的现代天皇制,

---

❶ 丸山眞男『忠誠と反逆:転形期日本の精神史の位相』、筑摩書房、1998 年。(「忠誠と反逆」1960 年初出)

❷ 丸山眞男『丸山眞男講義録　日本政治思想史1964』(第四冊)、東京大学出版会、1998 年。

而使得国体以杂居性"传统"本身作为自身实体。这一实体注定不是切实地整合我们自身思想的原理，恰恰相反，它只在否定性的同质化（排除异己）层面发挥着巨大功能，是阻碍人格意义上的主体——无论是自由的认识主体，伦理意义上的责任主体，还是形成秩序的主体——确立的决定性桎梏。战后的变革一举将这一似是而非的"精神轴心"拉下神坛。在此，原本内在于日本人精神状况中的杂居式的无秩序性，在"第二次开国"的冲击下几乎碰到了自身的极限。"思想界的混乱"是明治以来统治阶级和道学保守主义者之间的暗号和标语。然而如果考虑到"二战"之前，思想与现实之间自由的相互交通其实受到了极大阻碍的话，便会发现如今的我们才刚刚陷入真正的思想性混乱。我不确定它能带来什么。唯一确定的是，我们已经不可能回到过去，也没有必要再回去了。❶

在丸山真男看来，不断涌入的新思想被"缺乏秩序地堆砌"起来，现代日本人在这种现象之下的"精神的杂居性"是值得批判的。日本以这一杂居性为其"传统"、国体和实体的话，仅起到了消极的作用。丸山真男批判了杂居性如何束缚了人格意义上的主体的确立，同时主张拨开思想的迷雾。可以看到，丸山真男与竹内好同样在否定的意义上理解杂居性。在丸山真男那里，这一否定作用不构成主体性，也不是"切实地整合我们自身思想的原理"。竹内好正是将自己的疑问与对未来的希望托付给了持

---

❶ 丸山眞男「日本の思想」、『日本の思想』、岩波書店、1961 年、第 63 頁。

有这一思考的丸山真男。1978 年，在竹内好的追悼会上，丸山真男做出这样的发言：

> ……大约是好去世前两周左右，他的夫人叫住我并递来一张字条，说是他给我的信。"致丸山君"——我读了开头就意识到信是他仰卧着用铅笔写的，看得出意识早已模糊而内容几乎无法辨认。这让人难过。唯一能看清的只有"努力"二字，"努力……努力……努力……"，短短几行中，出现了许多次。我知道这就是好使出了全身力量活着，直到最后一刻。结尾的日期是用英语写的，八月多少号，与实际日期相差甚远。这就是他的绝笔。既然他留给我的最后的话是"努力"，那么我就无论如何都要拼命走下去……❶

在丸山真男那里，竹内好留给他的最后的话是"努力"。他们是亲密的友人：竹内好将与自己频繁交流的丸山真男视作知识上的伙伴，想必也对他的思想寄予了厚望。竹内好对近现代中国的看法与先前讨论的杜威的看法十分相似。在他看来，日本缺乏的是鲁迅式的否定精神，是建立在这一否定之上、在枪林弹雨中绝不低头的勇气，以及一种自我牺牲的精神。某种意义上，丸山真男继承了竹内好的问题意识。他与反欧洲模式的竹内好一样坚持"一身之独立方有一国之独立"，将其看作"是从同一块奖牌的两面发起进攻"的同志。❷

---

❶ 丸山眞男「好さんとのつきあい」、『追悼 竹内好』、鲁迅友の会、1978 年、第 242 頁。

❷ 同上，第 241 页。

泽井启一认为，丸山真男试图切开西欧"现代思维"的
定式。

> 这一"现代思维"的定式是，设想一个从自然秩序的
> 逻辑到主体作为的逻辑的转换过程，包含了以自然秩序为根
> 据的意识的自我解体、公私领域的分离、个人内在性的确立
> 等目标。在丸山看来，思维结构的变化定式不仅可以用来说
> 明西欧的现代化，也可以"普遍"地检视西欧之外地域的
> 现代化。❶

换言之，丸山真男将"主体作为"与"个人内在的确立"
看作"现代思维"的过程。这个定式具有适用于西欧和西欧以
外日本的普遍性。丸山真男重视能动的主体性的发挥，将"徂徕
学"视作基于主体行为逻辑的理论基础。对此，泽井启一进一步
指出：

> 丸山以成熟于 20 世纪 30 年代德国的社会思想史的方法
> 论，如曼海姆与法兰克福学派的理论为抓手，将接续自然法
> 则与道德规范的朱子学定义为基于自然秩序逻辑的思维模
> 式，将主张社会规范（道）并非先验地存在，而是在圣贤
> 的作为中成立的"徂徕学"定义为基于主体作为逻辑的思
> 维模式，由此得出日本德川时期朱子学向"徂徕学"的转
> 向，是堪比西欧封建社会向公民社会转向的重要事件。❷

---

❶ 澤井啓一「丸山眞男と近世/日本/思想史研究」、大隅和雄・平石直昭編
『思想史家丸山眞男論』、ぺりかん社、2002 年、第 148 頁。

❷ 同上，第 149－150 頁。

在丸山真男看来，荻生徂徕用"先王之道"作为武器批判朱子学是一种革命性的主张，这在日本现代化进程中发挥了积极作用。加藤周一同样认为"先王之道"是荻生徂徕的发明，认可其在日本有如同《君主论》一般的地位。❶ 在此，二者都将目光投向了荻生徂徕思想中"主体性"的确立。

然而，如果说丸山真男将西欧思想视作"普遍性"，试图将其应用于日本这一"特殊性"的话，加藤周一则与此不同。尽管他与丸山真男共享一种视点，但加藤周一将西欧思想与中国思想同等看待，不但不把西欧思想当作"普遍"，反而认为其是另一种"特殊性"。在此意义上，加藤周一也认可竹内好的现代观，将其吸收进自身内部，得出独特的见解。在加藤周一这里，日本在获得自己现代化答案的过程中，不仅与中国思想史对照，同样也与西欧思想对照。

> 竹内通过与以鲁迅为主的中国思想史的对比，提炼出日本明治以来的时代状况。对于他的结论，我大体赞成。只不过这样的结论未必要通过与中国思想史的对比，也可以通过与欧洲，譬如法国思想史的对比提炼出来。❷

同时，加藤周一强调，无须全面拒绝西欧文化，但必须区分其中"普遍要素"与"特殊要素"。

> 然而，亚洲的解放不是通过对"欧洲式"之物的全方

---

❶ 加藤周一『日本文学史序説 下』、筑摩書房、1980 年、第 71 頁。

❷ 加藤周一「竹内好再考」、『現代思想』（臨増）2009 年 7 月号、第 65 頁。（『朝日新聞』1977 年 3 月 24 日、25 日）

位拒绝，而是在将欧洲文化的普遍方面从欧洲社会固有的特殊方面剥离的过程中实现的。❶

加藤周一一方面与丸山真男一样，以西欧的现代为目标建设日本的现代；另一方面认真汲取了竹内好的经验与其"道义式的问题"❷。在加藤周一看来，竹内好有两个特别之处：一是研究中国问题的方法，二是时刻警惕抽象理论并回归平民日常经验的学问态度。其中统合其著作的推力则是一种对道义的感觉，一种在伦理意义上对正义的执着。❸

> 竹内好提出的道义式问题尽管没有在理论上得到解决，却绽放出饱满的活力。反观今天日本社会的所有基本问题，可以说没有任何一件能在排除竹内经验的情况下得到思考。❹

加藤周一处于竹内好与丸山真男之间，一方面认可竹内好重视的特殊性，另一方面也认可丸山真男追求的普遍性。在某种意义上，加藤周一是唯一同时具备了两种视角的日本战后知识分子。丸山真男在 1960 年发表了论文《忠诚与反叛》。该文曾被收录于《现代日本思想史讲座》第 6 卷《自我与环境》，其开头是这样写的：

> 本卷的主要目标是考察现代日本的自我与围绕在其周边大大小小的社会环境之间的关系，包括其中的适应、对决和异化等层面，阐明这些关系是如何在思想上被明治以来的日

---

❶❹ 加藤周一「竹内好再考」、『現代思想』（臨増）2009 年 7 月号、第 66 頁。
❷❸ 同上，第 63 頁。

本人所接受的。为此，本文在探讨无论是忠诚还是反叛的主题时，都将以自我为中心切入，考察自我在应对超越自身的客观原理，或应对所属的上级部门、集团和制度时采取的行为方式。忠诚（loyalty）的概念，扩展来说，也可能包括自我对自身的忠诚，即是否忠于自我的意思。不过出于前文的考虑，这个问题将不会是重要的考察对象。❶

丸山真男所谓的"自我"对其周边社会环境的"适应"、"对决"和"异化"的回应，与加藤周一所谓"本土世界观"对外来思想的接受模式有类似之处。正如有许多学者认为，加藤周一的思想是一条理解丸山真男思想的辅助线。反过来说，丸山真男的思想也是理解加藤周一思想的辅助线。于是，也可以将丸山真男此处的"对超越自身的客观原理"的"行为方式"，理解为加藤周一所谓"对外来思想"的"一系列反应"。

二者的区别在于，丸山真男的"自我"更具能动性，而加藤周一的"自我"仅是在"接受外来思想"时发挥作用，是被动的。相较而言，能动的"自我"具备更强的目的性，明确自身追求的结果和目标，而被动的"自我"目的性更弱，也不去预设应当达成的状态或应当追求的结果。尽管存在这样的差别，丸山真男的日本人的"自我"仍旧将加藤周一的日本人的"本土世界观"作为人类共享的普遍精神加以讨论。在笔者看来，丸山真男的"日本人的自我"包含了加藤周一的日本人的"本土世界观"。又或者说，是每一个日本人个别的"自我"所持有的

---

❶ 丸山眞男『忠誠と反逆：転形期日本の精神史的位相』、筑摩書房、1998年、第9頁。

"世界观"累积成了多个"世界观",进而构成日本文化整体的"本土世界观"。在某种意义上,加藤周一试图通过对外来文化的学习唤醒日本人的本土性,创造一种转化的力量。这既是加藤周一本人的主体性,也是他试图唤起的日本人的主体性。在接到丸山真男的讣告时,加藤周一追忆道:

> 我一边重读《丸山真男集》一边思考其内容在涉及极多领域的意义上所表现出的扩张性,与所有问题意识皆汇聚一处时所表现出的集中性——或者换个说法,其思考对象的广阔与方法的统一——之间的关系。我说的不是"虽然广阔却也集中"的思考结构,而是正因为高度集中才得以变得广阔的思考结构。这个集中的核心,就是日本社会整体在历时且共时意义上的本质性格。❶

加藤周一在丸山真男思想中发现的是涉及多个领域的内容的"广阔"与问题意识的"统一"之间的关系。在加藤周一看来,批判丸山真男的学者将目光从丸山真男问题意识的不变"本质"上移开,仅仅顺应其周围社会风向的变化而对丸山真男提出质疑。"丸山并不是所谓的'现代主义者'。我并不认为他主张将西欧的现代社会作为'模型'以推进日本现代化的发展。"❷

有趣的是,丸山的批判者从"左派"的人变成了"右

---

❶ 加藤周一「戦後史のなかの丸山眞男」、加藤周一・日高六郎『同時代人丸山眞男を語る』、世織書房、1998 年、第 27 頁。(「夕陽妄語」「朝日新聞」1996 年 9 月 19 日夕刊)

❷ 同上,第 30 页。

派"的人。这不是因为丸山本人的政治立场发生了变化，而是因为这五十年来日本政治氛围毫无节制的右倾化（或保守化）。这种批评中曾经欠缺且至今仍欠缺的东西是什么？难道不是一种内化入现代式个人或主体式个人的理性思考吗？

……

丸山思想中被指认为典型的"现代理性主义"的那个部分，在战后五十年的初期先被"左派"批判，之后被"右派"批判。然而这些批评者通常有共同的倾向，即一方面将"现代理性主义"与"西方"捆绑在一起思考，另一方面对"理性主义"本身没有明确的定义。他们认为丸山真男的思考是"西式"的，就是因为混淆了思想的发源地与其适用范围的区别的缘故。这种混淆的反复发生是人文社科学者那里的固有现象——即便在某种意义上情有可原——而不会出现在自然科学学者那里。打个比方，汤川秀树热爱京都，却不会操心量子力学是发源于哥本哈根还是京都。❶

如此，加藤周一指出丸山真男的批判者欠缺内化入"主体式个人"的思考，同时强调丸山真男的思考并非日本思想的私有财产，而是具有本质性的普遍性，同时批判那些认为丸山真男是西方主义者的论调乃是被词语或主义所迷惑而没有认清思想的本质，是人文社会科学的"固有现象"。在探索丸山真男的思考如何成为一种超越日本的地缘性、拥有世界范围意义上的普遍性的思想时，加藤周一以萨特为抓手，指出丸山真男思想的本质在于

---

❶ 加藤周一「戦後史のなかの丸山眞男」、加藤周一・日高六郎『同時代人丸山眞男を語る』、世織書房、1998 年、第 30 – 31 頁。

创造出一种新的"日本的概念",并将其作为理论工具,以连接和打通"日本固有的概念"与"普遍的概念"。

> 萨特在 20 世纪 60 年代中期访问日本时这样说过,"我在罗马、莫斯科和纽约都并没有感到知识分子之间的相互理解是困难的,在日本却感到了。"同时他补充"也有一个例外",并断定"那就是丸山教授"。这不是法语造成的语言的问题,而是言论内容的问题。当时随同萨特的翻译是很好的。

> 这绝非是因为丸山是"已经西化的日本人"的缘故。当时,萨特主编的杂志《现代》向丸山约稿,请他以日本的"知识分子"(les intellectuels)为主题写一篇论文。丸山在论文的草稿中并没有直接用"les intellectuels"这一西方概念分析日本的情况,而是先分析了日语中常用来指代知识分子的"インテリ"一词与"les intellectuels"的关系,将这个概念用作分析日本的固有概念的理论工具。这不是对概念的"西化",而是从西方的概念与日本的概念之间的往复运动出发,重新创造普遍的概念性工具的尝试。[1]

在丸山真男的后期思想中,"主体"和"普遍"也成为重要概念。在笔者看来,丸山真男试图在"特殊"与"普遍"的互为表里的关系中,对"日本的问题"这一与竹内好共享的问题意识做出解答。在与鹤见俊辅的对谈中,丸山真男围绕"普遍"概念做出如下说明。

---

[1] 加藤周一「戦後史のなかの丸山眞男」、加藤周一・日高六郎『同時代人丸山眞男を語る』、世織書房、1998 年、第 38 – 39 頁。

的确，民主和基本人权都是普遍理念，但普遍并不仅仅指这些东西。打个比方，乘坐地铁、走过拥挤的人群时，几乎不会特别地感到我现在是在日本，或旁边的这个阿姨是日本人。即使在英国坐地铁的时候，身边的英国人对我来说也只是普通的人，偶尔才会猛然意识到原来自己是在英国啊。回到日本后，在御茶水车站行人混杂的脚步声中，我又猛然意识到原来我在日本啊。……在我看来，所谓的普遍性其实就是类似这种感觉的东西。❶

在既是世界的公民又是日本人的这种双重性中，世界主义即人类的一员这一概念是可能的。人类并不是遥远的存在，而同时是坐在自己身边的这个人。这种同时的视角是必需的。并不是说普遍在特殊之外，或要在探究特殊的同时成为普遍。相反，普遍与特殊总是交织在一起的。❷

在丸山真男这类日本战后知识分子那里，"普遍"在某种意义上意味着"日本性"的虚无化。换言之，是在对"英国的地铁里"或"日本的御茶水"这类特殊概念的拆除或有意的忽视中，出现的适用于多个个别经验的东西。丸山真男的"普遍"是所有人的共通感觉。在此，"普遍"与"特殊"是相互重叠，交互包裹的。对于丸山真男的"普遍"概念，井上胜博指出：

---

❶ 丸山眞男『丸山眞男座談　7』、岩波書店、1998 年、第 118－119 頁。（1967 年初出）

❷ 丸山眞男「普遍の意識欠く日本の思想」、『丸山眞男集　16』、岩波書店、1964 年、第 59 頁。

"由于这一'普遍'总处于被语言中介的意识之前的那个层面。在此，在'主义'或'理念'这类普遍立场中通常被误认为'纯粹特殊性'的'日本性'就成了虚构。这与从个性的经验层面的感觉理解普遍的方法互为表里。"❶

另外，关于作为"特殊"的个人主义或日本问题，在加藤周一与丸山真男于 1959 年的对话中，针对丸山真男"日本既非西欧型也非亚洲型"❷ 的发言，加藤周一则论述如下：

> 现在的日本同时具有西欧型和亚洲型的双重结构。如果说亚洲诸国试图通过组织形式解决大众问题，欧洲社会则用他们已有的个人主义对抗组织力量。这种对抗构成许多价值创新的依据。至于组织与自由的对立关系问题，一方面，如今的苏联社会刚刚出现个人自立性的思潮，这不足以使他们解决这个问题；另一方面，欧洲则遭遇了无法通过个人主义视角解决的问题。在我看来，如果不在此二者之间搭建一座桥梁，是不可能有思想上的突破的。
>
> ……
>
> 如果说日本同时包含了二者的现实，那么可以认为世界整体的矛盾都集中在日本这个国家里。因而，试图解决日本问题的努力，在某种意义上关乎世界思想意义的基本问题。❸

---

❶ 井上勝博「『古層』論と丸山眞男のナショナリズム」、歴史と方法編集委員会編『方法としての丸山眞男』、青木書店、1998 年、第 83 頁。

❷ 加藤周一「近代性と後進性の雑居」、『現代はどういう時代か』（加藤周一対話集第 2 巻）、かもがわ出版、2000 年、第 22 頁。

❸ 同上，第 23－24 頁。

加藤周一进一步展望了日本的发展形式在不同于欧美"大企业中的公会工人"意义上的独特性。在加藤周一看来，这种独特性表现在如美国那般"过激的政治运动"在日本业已退潮，"在此就可以以个人主义为媒介，在组织中发展个人价值的生存道路"❶。在此我们可以看到加藤周一思想中"个人⇔组织"的构图。

此外，在 1966 年与萨特的对话中，加藤周一指出日本存在的"主观的、内在的世界"与"客观的、外在的世界"的乖离。萨特认为日本的各种社会礼仪既具有防御他人的"礼节"正确性，也具有"朴素"的坦率。加藤周一对此回应道：

> 因此，日本在道德层面上的问题表现在外在的礼节和纯然主观的自然之间的一种乖离。换言之，是如何在主观的、内在的世界与客观的、外在的世界之间架起一座桥梁的问题。我不认为过去的日本文化在连接这两个世界的问题上是成功的。然而在欧洲，确实存在一种被主观世界所内化的外在规律，这种关系是成立的。❷

在此，我们可以看到加藤周一试图在日本人主观内在世界与客观外在世界之间搭桥的意图。1970 年，围绕日本战后的学术倾向，加藤周一表达了对"个别的科学"之间建立统合的合作关系的展望。

---

❶ 加藤周一「近代性と後進性の雑居」、『現代はどういう時代か』（加藤周一対話集第 2 巻）、かもがわ出版、2000 年、第 24 頁。
❷ 加藤周一「ヨーロッパと日本」、『現代はどういう時代か』（加藤周一対話集第 2 巻）、かもがわ出版、2000 年、第 193 頁。

马克思主义是（像曾经的亚当·斯密❶一样）试图将社会现象理解为一个整体的综合体系。目前还没有一种与此不同的新体系，最多是勉强出现了个别学科之间的合作关系。只不过这仅仅是协作关系，谈不上综合。❷

民俗学、语言学和思想史，这些学问应该能和文学研究结合在一起，成为一种新趋势。要言之，此前个别、零散的研究的学科领域，开始倾向于被联合在一起。在这种连接中，新的问题得以明确。只不过，这离将其整合为一个体系还有一段距离。❸

加藤周一认为有必要将个别与体系、主体性与整体中的普遍性综合地连接起来，并对这一未来抱有强烈的期待。这一问题意识在《日本文学史序说》中得到发展，并搭建出关于日本文化的"特殊（个别）⇔普遍（整体）"架构。

二 "单独者"与"单独的普遍"

日本战后知识分子中，加藤周一被认为是极大地受到西方哲学影响的一位，这也是理所当然的。"杂交种文化"论发表于其法国留学归来之后，《日本文学史序说》也在其不断往来于日本

---

❶ 引文原文为"トミスムス"，疑为亚当·斯密（アダム·スミス）的讹错。——译者注

❷ 加藤周一「ヨーロッパと日本」、『現代はどういう時代か』（加藤周一对話集第 2 卷）、かもがわ出版、2000 年、第 311 –312 頁。

❸ 同上，第 313 頁。

国内外的状态下写成。加藤周一于 1960 年赴英属哥伦比亚大学讲学，1970 年被柏林自由大学聘为教授，在欧洲各地均有丰富的旅居工作经验。人们通常认为加藤周一受到了来自萨特的极大影响。尽管没有证据表明加藤周一的"例外"问题意识指向的是萨特思想中的"单独的普遍"或其论述对象克尔凯郭尔（1813—1855）的"单独者"概念；但他的论述目标，即在日本文学和思想史中描画作为"个别"的"单独者"的具体样貌，很可能与上述两位西方知识分子的工作存在关系。

　　20 世纪 60 年代的日本处在"萨特热"时期，而在此之前也有过"克尔凯郭尔热"。当时活跃的许多知识分子都受到来自萨特的影响，加藤周一也是其中之一。日本对萨特的接受不是被动的，而是十分主动的。石井素子的萨特接受研究表明，日本在 1937 年左右直至 20 世纪 70 年代后期的大约四十年的时间里，一直处在萨特的巨大影响之下。1966 年，萨特与波伏娃访日，在日本逗留的四周时间里，他们于东京和京都等地举行了三次演讲，掀起日本"萨特热"的高潮。那一年，据说"《萨特全集》在日本的发行量在一百六十万册到一百七十万册，加上其他出版社发行的，总计超过二百万册。其中《何谓实存主义》❶的发行

---

　　❶ 本书根据日文译法，将"Existentialisme"译为"实存主义"，以区别"Existence"（实存）和"Être"（存在）概念。众所周知，"Existentialisme"在中文学界约定俗成的译法是"存在主义"，但介于这个译法会在现象学门类中造成许多混乱，近年来的现象学学者也有将其译为"实存主义"的趋势。《何谓实存主义》是萨特存在主义入门文稿的合集，收录了《存在主义是一种人道主义》《粮食》《伟人肖像》《脸》《关于存在主义》《巴黎解放·默示录的一周》等。——译者注

量以十六万册位居榜首"❶。

另外，影响了萨特对"单独者"概念理解的克尔凯郭尔则在"二战"以前就被介绍到日本。创立于1922年的人文书院一举发行了十五册的克尔凯郭尔全集，成为当时的热门话题。决定翻译克尔凯郭尔著作集和萨特全集的，是人文书院的渡边睦久社长及其周围的日本知识分子，也是他们主动将这两位外国知识分子介绍到了日本。其中，萨特著作的翻译可谓好事多磨。

> 人文书院得以出版《萨特全集》是因为联系上了法国文学学者生岛辽一（1904—1991）和桑原武夫（1904—1988）的熟人，即当时居住在巴黎的高田博厚（1908—1987），通过他才获得巴黎出版商的信息。❷

引文中的桑原武夫是加藤周一思想上的同志，他们共同撰写过《新选现代日本文学全集》（1959）和《岩波讲座　哲学》（1969）等许多著作。

19世纪丹麦哲学家克尔凯郭尔将"单独者"（den Enkelte）定义为实存主体的存在，是克尔凯郭尔哲学公认的"根本概念"。"Enkelte"是丹麦语形容词"enkelt"的派生词，在指示"单独者"的意义上同时包含了"唯一的"（einzig/unique）和"特殊的"（einzeln/particulier）两方面的含义。

---

❶ 『女性自身』1966年9月26日。サルトル・ボーヴォワール来日特集記事での人文書院へのインタビュー。

❷ 石井素子「日本におけるJ.－P.サルトルの受容についての一考察：翻訳・出版史の視点から」、『京都大学大学院教育学研究科紀要』2006年52巻、第93－107頁。

关于这个双重含义，克尔凯郭尔在《我著述活动之观点》（1859）中解释道：

> "单独者"指所有人中的某一个人。同时，"单独者"也意味着每一个人。❶

除了"单独者"，克尔凯郭尔也提出"例外者"（Ausnahme）的概念。如果说单独者在"单独性—普遍性"的关系中，例外者则是偏移了那个轨道的存在。任何人都同时作为普遍的人和例外者。克尔凯郭尔在《反复》（1843）中多次提及普遍者与例外的关系。

> 例外同时说明普遍者及其自身。若要追究普遍者的意义，则只需找到一个拥有正当权利的例外就足够。这一例外远比普遍者本身更能清晰地说明一切。❷

在传统的神学解释中，克尔凯郭尔的思想通常被认为是关于"那个单一者"（神），而萨特以"单独者"概念为其赋予新的含义。晚年萨特的代表思想"单独普遍"（universel singulier）提出于1964年克尔凯郭尔诞辰一百五十周年的研讨会，是萨特对克尔凯郭尔的实存思想的接受和阐发。他是这样评价克尔凯郭尔的。

> 克尔凯郭尔恐怕是第一个向我们展示如下思想的人：在

---

❶ *Søren Kierkegaard Samlede Varker*, udg. af A. B. Drachmann, J. L. Heiberg og H. O. Lange. København. 1962–1964（『原典全集第三版』），18160.

❷ セーレン・キルケゴール『反復』、岩波書店、1983年、第194–195頁。

单独者将自身设定为"历史"中的普遍者之时，普遍者将作为单独者进入"历史"。在这一全新的历时性现实中，我们发现了自身难以克服的复义性悖论的样貌。❶

萨特认为单独者有普遍者的面向，普遍者也作为单独者参与"历史"，其中出现了"单独者⇔普遍者"的相关性。此外，"单独者"并非单数，而是作为共同存在的多数的单个人。

"universel singulier"这个造词是萨特的有意为之。其中"singulier"有"特异的"或"单数的"含意，另外，"singulier"的词源"singuli"只能在复数形态下使用。换言之，萨特的"singulier"较克尔凯郭尔而言更包含一种语感，表示既是单数又是复数的存在，是在与他者的比较中首次获得其特异性的单数个体，也是在共同存在意义上分别存在着的多个个人。❷

根据玛德琳·金在20世纪80年代的研究，克尔凯郭尔批判西方哲学，尤其是黑格尔哲学中的绝对精神，以树立"基督教式哲学"为目标。然而，他的思考方式"在与形而上式思辨的对决中将人类带向了真理，那是一个在适用于每个单独者的同时，适用于所有的单独者，也因此适用于所有人的真理"。❸

由此，金认为克尔凯郭尔的理论目标是探究"个别之物与普

---

❶ Sartre, Jean – Paul, *Situations philosophiques*, Gallimard, 1998, p. 318.

❷ 南コニー「『単独的普遍者』：サルトルのキルケゴール解釈をめぐって」、『新キェルケゴール研究』第13号、第87頁。

❸ マドレーヌ・キム『単独者と普遍：キェルケゴールにおける人間の自己実現への道』、酒井一郎訳、東京大学出版会、1988年、第20頁。

遍之物的联系"以及"个人与普遍性的联系"❶，并指出这一个别性或单独性与普遍性之间的辩证关系才是实存的固有性格。在此，个别性与单独性既可以被提升到高于普遍性的层面，也与普遍性有着千丝万缕的联系。

换言之，必须思考一个比普遍性"更高"的个别性和"单独性"。然而与此同时，个人也不能放弃完成自身实存的普遍性。❷

关于萨特的"单独普遍"概念，南康妮指出：

萨特的"单独普遍"，一方面指实存的主体总在自身所处时代条件的局限下被普遍化，另一方面也通过参与社会获得独特的姿态，成为得以逃离普遍化的单独者。❸

萨特为"单独者"与普遍的关系提供了一种新的辩证法式的理解，使得单独者既非孤立于社会的纯然"单独"，亦非在彻底的"普遍化"中丧失个性的存在。在此，克尔凯郭尔的"单独者"进化为萨特的"单独普遍"。

---

❶ マドレーヌ・キム『単独者と普遍：キェルケゴールにおける人間の自己実現への道』、酒井一郎訳、東京大学出版会、1988 年、第 20 頁。

❷ 同上，第 25 – 26 頁。

❸ 南コニー「『単独的普遍者』：サルトルのキルケゴール解釈をめぐって」、『新キェルケゴール研究』第 13 号、第 87 頁。

三 加藤周一与萨特

笔者认为，萨特对"单独普遍"的理解极大影响了日本战后知识分子加藤周一。众所周知，加藤周一十分仰慕萨特。他在《人类知识遗产 77：萨特》（1984）的前言中这样描述萨特的著作：

> 我将萨特的主要著作一读再读，决定从自身角度出发为其做一个总结，主要有以下三个原因：其一，萨特的大名几乎人尽皆知，我想却很少有人通读过他的作品；其二，我对作为个人的萨特感到尊敬和亲切；其三，我希望弄清自己在萨特的著作中学到的、可以用于将来实践的东西。❶

然而，加藤周一对萨特冠以"本世纪最重要的哲学家之一"的高度评价，其最重要的理由并非因为萨特的名声，或他所谓的人性。加藤周一重视的是萨特思想在特殊之物和普遍之物之间的辩证法式的操作。他是这样说明萨特的方法的。

> 萨特的重要之处在于其理论手法在世界的、特殊之物与抽象、普遍之物之间，不断进行的辩证法式的操作。他的理论从抽象的普遍性出发，却从未停留在这一层面。反之亦然，萨特理论中具体的特殊对象也从未囿于自身，而是不断

---

❶ 加藤周一『人類の知的遺産 77：サルトル』、講談社、1984 年、第 2 頁。

地朝向普遍性，试图超越它。❶

加藤周一投入将近十年心血撰写的与萨特相关的书籍，于1984年出版。考虑到《日本文学史序说》的上下卷分别在1975年和1980年出版，应该可以认为加藤周一对日本文学和思想史的思考与对萨特的思考是同时进行的。

> 写作本书期间，我同时进行着其他工作。其间几度中断，前后花费将近十年时间。这十年中，我在信州的山里和东京的家中、在日内瓦湖畔和剑桥的宿舍读萨特，在威尼斯也读着，怎么都读不够，怎么都写不够。❷

在《日本文学史序说》中，加藤周一重视的是在时空性的思想中，作为"例外"的历史人物与各个时代由"例外"构成的"孤高的系列"。这一"例外"与普遍的相关性架构，在加藤周一对萨特的解读中也可以看到。

> 在此，人的基本问题表现为，个人的无可替代性与其作为受外在条件限制的历史性存在之间的关系。也可以换一种说法，即人对历史的超越和历史对人的超越，这一相互超越的关系有着怎样的架构。实存主义言说人对历史的超越，历史主义言说历史对人的超越。前者是克尔凯郭尔的维度，后者是黑格尔的维度，也可以说这两个维度似乎

---

❶ 加藤周一『人類の知的遺産　77：サルトル』、講談社、1984 年、第 2 - 3 頁。
❷ 同上，第 3 页。

是无法互相还原的。❶

1951 年，加藤周一在巴黎初见萨特，对其产生"精悍"的印象。其后的 1966 年秋天，加藤周一在东京日比谷公会堂召开以"拥护知识分子"为题的演讲时，与萨特已拥有并肩走在一起的友谊了。萨特旅日期间与加藤周一对谈，"在其他聚会也见过几次，交流的机会并不算少"❷。两人最后一次见面是 1978 年年末。加藤周一访问了蒙帕纳斯的埃德加·基奈大街二十九号那处狭小的公寓，而晚年的萨特独自住在那里。加藤周一回忆道：

> 在那之后还不到一年半的光景，萨特就去世了。当萨特病危的消息传来时，东京一家报社给我打电话，问我是否愿意在萨特去世后写一篇文章。我拒绝了。我说自己一心只盼旧友康复，没有心情考虑他将去世的情况。听闻萨特的讣告是 1980 年春天，我在美国。当时有一个想法，我谁也没说。我想的是，原来萨特也是会死的。我明白这个想法过于愚蠢，实在不能向他人诉说。❸

加藤周一拒绝为萨特的去世供稿，理由是十分情绪化的"没有心情"。甚至萨特去世后，加藤周一也萌生出"原来萨特也是会死的"这一"愚蠢"的想法，而且无法开口将这一想法说给任何人听。这里可以看到萨特的死给加藤周一带来何等冲击！那年春天，加藤周一出版了《日本文学史序说》下卷。尽管加藤

---

❶ 加藤周一『人類の知的遺産 77：サルトル』、講談社、1984 年、第 5 頁。
❷ 同上，第 18 頁。
❸ 同上，第 21 – 22 頁。

周一谦虚地为这部著作赋予"序说"之名，它却是当之无愧的加藤周一思想集大成之作。如果加藤周一的确受到来自萨特的影响，恐怕那是将这一影响编织进作品的极好机会。

之前说过，无法确定加藤周一的"例外"问题意识指向的是否是萨特思想中的"单独普遍"或其论述对象克尔凯郭尔的"单独者"概念，也没有证据可以表明他的论述目标是否是在日本文学和思想史中描画作为"个别"的"单独者"的具体样貌。换言之，我们很难讨论加藤周一的理论工作在此是否志在"单独普遍"的"本土化"。但唯一可以明确的是，加藤周一在《日本文学史序说》中几乎没有提及萨特，在论述相关问题时，也没有使用任何西方思想的概念，而只用"例外"这一平凡的日语表达。在笔者看来，这是加藤周一用自身的理解构筑了一个独特的思想体系。在某种意义上，加藤周一的"例外"概念反映了他对萨特或克尔凯郭尔的理解，甚至可以看作他对二人思想的支持。然而，"例外"概念没有停留在与西欧理论中的"单独者"的表面一致上。换言之，二者之间只存在某种内在的一致性。这是因为，加藤周一并不是想在将西方哲学概念纳入日本思想的过程中证明日本也存在固有的单独者。他的理论也没有停留在探究单独者这一"个别"的点的存在，而是向我们展示了经得起历史考验的"孤高的系列"，即一个单独者系列的形成。这正是加藤周一思想的独创之处，也是萨特思想中所没有的。在这个意义上，加藤周一对萨特思想的接受本身正是"本土化"中的一个"例外"。不难看出，加藤周一自身也是一个"例外"，同时这个"例外"也是在日本知识分子"例外者"的主体选择下形成的一种历史性的必然。

结　语

"普遍的例外者"：体现
联动关系的历时性思想架构

迄今为止，笔者在本书中考察了加藤周一于《日本文学史序说》中论述的"杂交种文化"和"本土世界观"的关系，以及日本文化中"特殊（个别）⇔普遍（整体）"的思想架构。提出"杂交种文化"理论时期的加藤周一还处在从共时性的视点上眺望日本文化的阶段，而到了《日本文学史序说》完成之时，他的思想进一步发展，转化为历时性的视点。在笔者看来，唯有这一历时性的视点，才是发现未来新去路的有效方法。

正如加藤周一将"自我"根植于"本土世界观"，丸山真男将"主体"置于"作为"，竹内好将"自我"置于来自鲁迅的否定与抵抗。三人的共同诉求都是寻找亚洲现代的真相。其中，竹内好怀抱某种日本特殊论的理想，坚持对特殊性的追寻；加藤周一则并不十分看重这一特殊性的结果，而着眼于"本土世界观"的"例外"这一日本的被动的主体性。

加藤周一将山上忆良看作知识分子的代表，追求一种横亘过去、现在和未来的普遍性真实。加藤周一的理想则是在日本的"本土世界观"中重新阐释这一普遍性。

在此，加藤周一建构的体系是得以体现"个别"与"整体"、"特殊"与"普遍"、"例外思想"与"主流思想"的联动关系和作用的历时性架构。在这一架构中，这些概念之间两两互通，保持着一定的兼容性。至于这一架构是加藤周一的主观性认识，还是被加藤周一认识到的客观存在，还有许多类似问题尚未得到解决。然而即便如此，仍旧可以认为它的出现对当代日本有着极大意义。加藤周一及其同时代日本知识分子在反复斟酌传统性与现代性的同时酝酿并逐渐形成的思想架构，换言之，也就是通过思考整个日本文化中的"特殊（个别）⇔普遍（整体）"所形成的体系观念并不仅限于日本文化的问题，也为我们解读更为广泛的传统与现代的难题提供一定的启示。

本书分析了加藤周一与竹内好之间的往来，看到了加藤周一如何间接地接受了竹内好"亚洲之特殊性"的问题意识。加藤周一将竹内好从"个别"与"特殊"中得来的"否定"精神归结为使被动的主体性得到发挥的"本土性"，又将丸山真男对"主体"与"普遍"的追寻解释为不屈服于时代风向的历史中的"例外"与"孤高"的精神，并以此建构日本文化"特殊（个别）⇔普遍（整体）"的体系。竹内好试图依靠"自力"唤醒日本，否认存在一种可以转化为内在力量的"他力"；但加藤周一则是某种意义上的"他力主义者"。在他看来，所谓日本文化的内在力量就是转变自身的力量。如果说竹内好的"自我"来自对"自力"的强调，而多少缺乏普遍性的话，那么加藤周一的"自我"则在强调"自力"的同时，承认作为"特殊（个别）⇔普遍（整体）"之媒介的"本土世界观"的力量。这种力量使得未来的人们能够找到超越日本历史时空的现实的"真相"与普遍的"真实"。

本书已经论述过，由加藤周一及同时代知识分子共同思考的、存在于日本文化中的"特殊（个别）⇔普遍（整体）"的思想架构，并不是仅限于日本文化的思考方法。在加藤周一那里，这一思想架构对所有关于传统与现代问题的场合都有启示意义。

笔者在绪言分析过，加藤周一和这些知识分子在许多领域讨论了
亟待重新建构的日本人的民族认同这一"无名之物"，或表达类
似含义的"复数文化""杂交种文化""混血主义"等问题。在
这类问题重新得到积极讨论的今天，我们更应当重新整理与整备
由日本战后知识分子加藤周一构筑的体系——一个由"个别"
与"整体"、"特殊"与"普遍"、"传统"与"现代"的相互关
系和相互作用构成的通时性架构与视野。

　　在思考日本思想史之际，孙歌指出在"普遍性"与"日本
式的特殊性"之间应该存在第三种概念——"个别"。她这样解
释道：

　　　　事实上，在"全球化"已势不可当的今天，"个别"与
　　"普遍"之间的不可和解的状况恰恰比此前任何时代更为严
　　重。这种不可和解性既不展现在理论和语言的层面，也不展
　　现在政治经济制度和意识形态斗争的结构之中。或许可以
　　说，这种不可和解性存在于上述所有问题内部，存在于一个
　　有更深的基础、不直接显露自身的类似于文化渗透力的东西
　　之中。这一类似于文化渗透力的东西永恒地存在于理论和概
　　念推进的分析之中，或直接性的经验描写过程的间隙和沉默
　　之中。这种"个别"已不再是"普遍"的对立面，也非
　　"普遍"的共谋者，而是溢出与普遍对立的"特殊性"范畴
　　之外的东西。❶

---

　　❶　孙歌『アジアを語ることのジレンマ：知の共同空間を求めて』、岩波書
店、2002 年、第 15 頁。

在孙歌这里，"个别"既非"普遍性"也非"特殊性"，而是另一个范畴。与此同时，在我国出版的《主体弥散的空间——亚洲论述之两难》中，孙歌指出横跨中日"文化间"的"主体"被分化的事实，且这一事实正由于意识形态遭到忽视。[1] 这种"个别"与"主体"的关系，即孙歌提出的"个别"是否包含"个别的主体性"或一种"分化的主体性"，以及这一主体性是否与亚洲的主体性存在关联——这些问题对于加藤周一的思想背后的架构也非常有意义。

另外，继承了"亚洲主义"问题意识的日本当代学者中岛岳志，也在最近提出一种理念——"理想的亚洲主义"，即在被置于与西方对抗的语境中拥有某种普遍性意义的亚洲主义。中岛岳志提出的"分散且联合"的亚洲，在某种意义上可以嵌套进加藤周一试图超越"普遍"与"特殊"的构图。那么，在"个别"或"分散"中能够追寻怎样的主体性？不得不说，无论是"普遍"与"个别"，"亚洲"与"世界"，或是"传统"与"现代"，都恰如孙歌所言，是"在零到一百之间"。换言之，其中还留有许多悬而未决的课题。

在面对这些课题之际，对日本战后知识分子的思想的某一部分做出仔细的清点，是本书最初的定位。如果说笔者的工作能有一点贡献的话，那就是明确了加藤周一"本土世界观"的含义，分析了日本思想史中追求"日本性"的战后知识分子对主体性与"杂交种文化"和"本土世界观"之间的关系，也尝试描绘

---

[1] 孙歌：《主体弥散的空间——亚洲论述之两难·序言》，江西教育出版社，2002年，第5页。

了一幅体现"个别"与"整体"、"特殊"与"普遍"、"例外思想"与"主流思想"的相互关系的历时性构图。其中，加藤周一思想的格局与视野是重新思考战后思想，在整体性视野与个别现象之间找到平衡的抓手。这对今天的我们具有新的启示。在此意义上，这名通常被日本思想史"边缘化"的知识分子的思想有必要被重新放回思想史领域，作为日本战后思想的一部分重新考量。

　　当年，库恩在《科学革命的结构》中提出"范式争论"，指的是在某些"危机"时期，来自旧有范式的常识性思考路径和工作的"常规科学"不再具有公信力。此时，也会出现多个替代性范式相互竞争，直至新的范式得以固定，而由此生出的常规科学也得以固定。库恩有时被批判为相对主义者，因为在他那里不存在唯一的科学性真理，只有多个范式。然而库恩反驳这一观点，认为自己"即便是相对主义者，也从未丧失任何用以说明科学的本质和发展的东西"❶。

　　如果库恩在科学领域的这一"相对主义者"的视点可以放到思想领域的话，就让人不得不想起同样自称相对主义者的加藤周一。加藤周一的思想作为日本战后思想的成果之一，为我们提供了成为"普遍的例外者"的视角。在与加藤周一共享"例外"思想的视角时，我们无疑获得了用以应对这些挑战的新的灵感与维度，能够开始认清我们身处的广大世界与未来。我们每个人都既是"例外"的个人，也是普遍性的存在。"本土世界观"则是

❶　トーマス・クーン『科学革命の構造』、中山茂訳、みすず書房、1971 年、第 238 頁。

随着时间而变化的无形之物。"本土世界观"是由包括"例外"在内的多个个别世界观的集合形成，而不是单方面受其支配的个体。与此同时，必须注意的是，那些只求异抗同、不含有普遍性要素的"例外"便不属于加藤周一提出的"孤高的系列"，也不是笔者在本书中所讨论的"例外"。加藤周一的工作正是通过"例外"概念向我们展现了这些问题的复义性与复杂性，也向我们展现了"本土世界观"的可能性。

参考文献

一 外文文献

（一）加藤周一著作

［1］ 加藤周一,中村真一郎,福永武彦.1946:文学的考察［M］.東京:真善美社,1947.

［2］ 加藤周一.雑種文化:日本の小さな希望［M］.東京:講談社,1956.

［3］ 加藤周一.二つの極の間で［M］.東京:弘文堂,1960.

［4］ 加藤周一.三題噺［M］.東京:筑摩書房,1965.

［5］ 加藤周一.羊の歌:わが回想［M］.東京:岩波書店,1968.

［6］ 加藤周一.続　羊の歌:わが回想［M］.東京:岩波書店,1968.

［7］ 加藤周一.言葉と戦車［M］.東京:筑摩書房,1969.

［8］ 加藤周一.日本の内と外［M］.東京:文藝春秋,1969.

［9］ 加藤周一.中国往還［M］.東京:中央公論社,1972.

［10］ 加藤周一.歴史・科学・現代:加藤周一対談集［M］.東京:平凡社,1973.

［11］ 五味智英,小山弘志,加藤周一.日本文学における土着性と自然観:『日本文学史序説』をめぐって［J］.朝日ジャーナル,1974,16（2）:36－43.

［12］ 加藤周一.日本文学史序説　上［M］.東京:筑摩書房,1975.

［13］ 加藤周一.日本文学史序説　下［M］.東京:筑摩書房,1980.

［14］ 加藤周一.日本人とは何か［M］.東京:講談社,1976.

［15］ 加藤周一,M.ライシュ,R.J.リフトン.日本人の死生観［M］.矢島翠,訳.東京:岩波書店,1977.

［16］ 加藤周一.言葉と人間［M］.東京:朝日新聞社,1977.

［17］ 桑原武夫,加藤周一.中国とつきあう法［M］.東京:潮出版社,1978.

［18］ 加藤周一,鷲巣力.加藤周一著作集［M］.東京:平凡社,1978‐2010.

［19］ 加藤周一,丸山眞男,木下順二.日本文化のかくれた形［M］.東京:岩波書店,1984.

［20］ 加藤周一,丸山眞男.翻訳の思想［M］.東京:岩波書店,1991.

［21］ 加藤周一.富永仲基異聞:消えた版木［M］.京都:かもがわ出版,1998.

［22］ 加藤周一,丸山眞男.翻訳と日本の近代［M］.東京:岩波新書,1998.

［23］ 加藤周一,日高六郎.同時代人丸山眞男を語る［M］.東京:世織書房,1998.

［24］ 加藤周一.「日本的」ということ［M］.京都:かもがわ出版,2000.

［25］ 加藤周一.現代はどういう時代か［M］.京都:かもがわ出版,2000.

［26］ 加藤周一.過客問答［M］.京都:かもがわ出版,2001.

［27］ 加藤周一.夕陽妄語［M］.東京:筑摩書房,2016.

［28］ 加藤周一.9条と日中韓［M］.京都:かもがわ出版,2005.

［29］ 加藤周一.歴史の分岐点に立って［M］.京都:かもがわ出版,2005.

［30］ 加藤周一.日本文化における時間と空間［M］.東京:岩波書店,2007.

［31］ 加藤周一.憲法・古典・言葉［M］.京都:かもがわ出版,2008.

［32］ 加藤周一,白沙会.居酒屋の加藤周一 Ⅰ・Ⅱ合本［M］.京都:かもがわ出版,2009.

［33］ 加藤周一,鷲巣力.『羊の歌』余聞［M］.東京:筑摩書房,2011.

［34］ 加藤周一.『日本文学史序説』補講［M］.東京:筑摩書房,2012.

［35］ 加藤周一.加藤周一最終講義:佛教大学 白沙会 清華大学 立命館大学［M］.京都:かもがわ出版,2013.

（二）加藤周一相关文献

［1］ 丸山眞男.日本の思想　第6:別冊［M］.東京:筑摩書房,1972.

［2］ ジュリー・ブロック.加藤周一における「時間と空間」［M］.京都:か
　　　もがわ出版,2012.

［3］ 海老坂武.加藤周一:二十世紀を問う［M］.東京:岩波書店,2013.

［4］ 菅野昭正.知の巨匠　加藤周一［M］.東京:岩波書店,2011.

［5］ 池上義彦.現代思想　総特集　加藤周一［M］.東京:青土社,2009.

［6］ 成田龍一.加藤周一を記憶する［M］.東京:講談社,2015.

［7］ 田口富久治.丸山眞男の「古層論」と加藤周一の「土着世界観」［J］.立
　　　命館大学・政策科学,2002,9(2):6－29.

［8］ 樋口陽一.加藤周一と丸山眞男:日本近代の〈知〉と〈個人〉［M］.東
　　　京:平凡社,2014.

［9］ 葉渭渠.『日本文学史序説』をめぐって:中国・韓国の視点から［J］.
　　　Fukuoka UNESCO(第11回日本研究国際セミナー2000　世界におけ
　　　る日本研究と加藤周一).2001(37):62－87.

［10］ 鷲巣力.加藤周一を読む:「理」の人にして「情」の人［M］.東京:岩波
　　　書店,2011.

［11］ 鷲巣力.「加藤周一」という生き方［M］.東京:筑摩書房,2012.

［12］ 鷲巣力.加藤周一はいかにして「加藤周一」となったか［M］.東京:
　　　岩波書店,2018.

［13］ 鶴見俊輔,大江健三郎.冥誕　加藤周一追悼:1919—2018［M］.京都:
　　　かもがわ出版,2009.

［14］ 小関素明.加藤周一の精神史:性愛,詩的言語とデモクラシー［J］.
　　　立命館大学人文科学研究所紀要,2017(111):127－182.

［15］ 矢野昌邦.加藤周一の思想・序説:雑種文化論・科学と文学・星菫
　　　派論争［M］.京都:かもがわ出版,2005.

（三）**其他文献**

［１］ Ｍ・ヴェーバー. 儒教と道教［Ｍ］. 木全徳雄, 訳. 東京：創文社, 1971.

［２］ B. I. シュウォルツ. 中国の近代化と知識人：厳復と西洋［Ｍ］. 平野健一郎, 訳. 東京：東京大学出版会, 1978.

［３］ アントワーヌ・ベルマン. 翻訳の倫理学：彼方のものを迎える文字［Ｍ］. 藤田省一, 訳. 京都：晃洋書房, 2014.

［４］ 安在邦夫. 自由民権運動史への招待［Ｍ］. 東京：吉田書店, 2012.

［５］ 井田進也. 中江兆民のフランス［Ｍ］. 東京：岩波書店, 1987.

［６］ 井田進也. 兆民をひらく：明治近代の「夢」を求めて［Ｍ］. 東京：光芒社, 2001.

［７］ 王家驊. 日本の近代化と儒学［Ｍ］. 東京：農山漁村文化協会, 1998.

［８］ 西田幾多郎, 嘉指信雄. 西田哲学選集：第 5 巻［Ｍ］. 京都：燈影舎, 1998.

［９］ 加藤典洋. 戦後入門［Ｍ］. 東京：筑摩書房, 2015.

［10］ 加藤典洋. 敗者の想像力［Ｍ］. 東京：集英社, 2017.

［11］ 河野有理. 近代日本政治思想史：荻生徂徠から網野善彦まで［Ｍ］. 京都：ナカニシヤ出版, 2014.

［12］ 海老坂武. 雑種文化のアイデンティティ［Ｍ］. 東京：みすず書房, 1986.

［13］ 葛兆光. 中国再考：その領域・民族・文化［Ｍ］. 永田小絵, 訳. 東京：岩波書店, 2014.

［14］ 苅部直. 丸山眞男：リベラリストの肖像［Ｍ］. 東京：岩波書店, 2006.

［15］ 丸山眞男. 忠誠と反逆：転形期日本の精神史的位相［Ｍ］. 東京：筑摩書房, 1998.

［16］ 丸山眞男. 日本政治思想史研究［Ｍ］. 東京：東京大學出版會, 1952.

［17］ 丸山眞男. 丸山眞男集　16［Ｍ］. 東京：岩波書店, 1964.

［18］ 丸山眞男. 丸山眞男座談［Ｍ］. 東京：岩波書店, 1998.

［19］　丸川哲史. 竹内好：アジアとの出会い［M］. 東京：河出書房新社,2010.

［20］　亀井秀雄. 日本人の「翻訳」：言語資本の形成をめぐって［M］. 東京：岩波書店,2014.

［21］　吉澤誠一郎. 清朝と近代世界：19世紀［M］. 東京：岩波書店,2010.

［22］　宮崎市定. アジア史概説［M］. 東京：中央公論社,1987.

［23］　宮川康子. 富永仲基と懐徳堂：思想史の前哨［M］. 東京：ぺりかん社,1998.

［24］　橋爪大三郎. 丸山眞男の憂鬱［M］. 東京：講談社,2017.

［25］　金谷治. 中国思想を考える：未来を開く伝統［M］. 東京：中央公論新社,1993.

［26］　今中寛司. 徂徠学の史的研究［M］. 京都：思文閣出版,1992.

［27］　今福龍太. クレオール主義［M］. 東京：青土社,1991.

［28］　斎藤希史. 漢文脈の近代：清末＝明治の文学圏［M］. 名古屋：名古屋大学出版会,2005.

［29］　細川英雄・西山教行. 複言語・複文化主義とは何か：ヨーロッパの理念・状況から日本における受容・文脈化へ［M］. 東京：くろしお出版,2010.

［30］　山口昌男. 知の遠近法［M］. 東京：岩波書店,1990.

［31］　山口昌男. 知の自由人たち［M］. 東京：日本放送出版協会,1998.

［32］　司馬遼太郎,上田正昭,金達寿. 日本の渡来文化：座談会［M］. 東京：中央公論新社,1982.

［33］　子安宣邦. 「近代の超克」とは何か［M］. 東京：青土社,2008.

［34］　子安宣邦. 徂徠学講義：『弁名』を読む［M］. 東京：岩波書店,2008.

［35］　酒井直樹. 日本思想という問題：翻訳と主体［M］. 東京：岩波書店,1997.

［36］　緒形康. 一九三〇年代と接触空間：ディアスポラの思想と文学［M］.

東京:双文社,2008.

[37]　緒形康.アジア・ディアスポラと植民地近代:歴史・文学・思想を架橋する[M].東京:勉誠出版,2013.

[38]　小熊英二.〈民主〉と〈愛国〉:戦後日本のナショナリズムと公共性[M].東京:新曜社,2002.

[39]　小熊英二.誰が何を論じているのか:現代日本の思想と状況[M].東京:新曜社,2017.

[40]　小島憲之.上代日本文學と中國文學:中[M].東京:塙書房,1964.

[41]　小島康敬.東アジア世界の「知」と学問:伝統の継承と未来への展望[M].東京:勉誠出版,2014.

[42]　松永昌三.福沢諭吉と中江兆民[M].東京:中央公論新社,2001.

[43]　大隅和雄,平石直昭.思想史家丸山眞男論[M].東京:ぺりかん社,2002.

[44]　松本健一.竹内好「日本のアジア主義」精読[M].東京:岩波書店,2000.

[45]　松本三之介.「利己」と他者のはざまで:近代日本における社会進化思想[M].東京:以文社.2017.

[46]　上山春平.日本の思想:土着と欧化の系譜[M].東京:岩波書店,1998.

[47]　石母田正.中世的世界の形成[M].東京:岩波書店,1985.

[48]　川島真.近代国家への模索:1894—1925[M].東京:岩波書店,2010.

[49]　孫歌.アジアを語ることのジレンマ:知の共同空間を求めて[M].東京:岩波書店,2002.

[50]　孫歌.竹内好という問い[M].東京:岩波書店,2005.

[51]　孫歌.歴史の交差点に立って[M].東京:日本経済評論社,2008.

[52]　孫歌,白永瑞,陳光興.ポスト〈東アジア〉[M].東京:作品社,2006.

[53]　孫江,劉建輝.東アジアにおける近代知の空間の形成[M].東京:東

方書店,2014.

[54] 村山出.山上憶良の研究[M].東京:桜楓社,1976.

[55] 大沼保昭.人権、国家、文明:普遍主義的人権観から文際的人権観へ
[M].東京:筑摩書房,1998.

[56] 竹内好.現代中国論[M].東京:河出書房,1951.

[57] 竹内好.魯迅[M].東京:創元社,1952.

[58] 竹内好.日本とアジア[M].東京:筑摩書房,1966.

[59] 竹内好.予見と錯誤[M].東京:筑摩書房,1970.

[60] 中西進.万葉史の研究[M].東京:講談社,1996.

[61] 中村元.日本人の思惟方法 [M].東京:春秋社,1989.

[62] 中村春作.江戸儒教と近代の「知」[M].東京:ぺりかん社,2002.

[63] 中島岳志.アジア主義:西郷隆盛から石原莞爾へ[M].東京:潮出版
社,2017.

[64] 長谷川雄一.アジア主義思想と現代[M].東京:慶應義塾大学出版
会,2014.

[65] 鶴見俊輔.竹内好:ある方法の伝記[M].東京:岩波書店,2010.

[66] 田中久文.丸山眞男を読みなおす[M].東京:講談社,2009.

[67] 藤井省三.魯迅:東アジアを生きる文学[M].東京:岩波書店,2011.

[68] 藤田正勝,卞崇道,高坂史朗.東アジアと哲学[M].京都:ナカニシヤ
出版,2003.

[69] 内田樹.街場の戦争論[M].東京:ミシマ社,2014.

[70] 柄谷行人,丸川哲史.討議:帝国・儒教・東アジア[J].現代思想(特
集 いまなぜ儒教か),2014(3):30-44.

[71] 芳賀紀雄.万葉集研究 2[M].東京:塙書房,1972.

[72] 末木文美氏.哲学の現場:日本で考えるということ[M].東京:トラ
ンスビュー,2012.

[73] 柳父章.翻訳語成立事情[M].東京:岩波書店,1982.

[74] 李順愛.戦後世代の戦争責任論:『敗戦後論』をめぐって[M].東京:岩波書店,1998.

[75] 劉建輝.日中二百年:支え合う近代[M].東京:武田ランダムハウスジャパン,2012.

[76] 林屋辰三郎,上田正昭,山田宗睦.日本の「道」:その源流と展開[M].東京:講談社,1972.

[77] 歴史と方法編集委員会.方法としての丸山眞男[M].東京:青木書店,1998.

[78] 趙景達,原田敬一,村田雄二郎,ほか.講座東アジアの知識人 2:近代国家の形成[M].東京:有志舎,2013.

[79] 趙景達,原田敬一,村田雄二郎,ほか.講座東アジアの知識人 5:さまざまな戦後[M].東京:有志舎,2014.

[80] 石井素子.日本における J.－P.サルトルの受容についての一考察:翻訳・出版史の視点から[J].京都大学大学院教育学研究科紀要,2006(52):93－107.

[81] 南コニー.「単独的普遍者」:サルトルのキルケゴール解釈をめぐって[J].新キェルケゴール研究,2015,13:87－102.

[82] マドレーヌ・キム.単独者と普遍:キェルケゴールにおける人間の自己実現への道[M].酒井一郎,訳.東京:東京大学出版会,1988.

[83] キルケゴール.反復[M].桝田啓三郎,訳.東京:岩波書店,1983.

二 中文文献

[1] 赫胥黎.天演论[M].严复,译.上海:上海世界图书出版公司,2012.

[2] 斯宾塞.社会学研究[M].严复,译.上海:上海世界图书出版公司,2012.

[3] 杜保瑞.中国哲学方法论[M].台北:商务印书馆,2013.

［4］　商务印书馆编辑部.论严复与严译名著［M］.北京:商务印书馆,1982.

［5］　加藤周一.日本人的皮囊［M］.李友敏,译.北京:新星出版社,2018.

［6］　金文学.重新发现近代:一百年前的中日韩　第1部［M］.马今善,郑炳男,译.北京:现代出版社,2015.

［7］　李泽厚.中日文化心理比较试说略稿(1997)［J］.华文文学,2010(5):15－36.

［8］　刘岳兵.日本近代儒学［M］.北京:商务印书馆,2003.

［9］　刘岳兵.明治儒学与近代日本［M］.上海:上海古籍出版社,2005.

［10］　孙歌.主体弥散的空间:亚洲论述之两难［M］.江西:江西教育出版社,2007.

［11］　孙歌.文学的位置［M］.山东:山东教育出版社,2009.

［12］　王健."神体儒用"的辨析:儒学在日本历史上的文化命运［M］.郑州:大象出版社,2002.

［13］　王民.严复"天演"进化论对近代西学的选择与汇释［J］.东南学术,2004(3):58－66.

［14］　王青.日本近世儒学家荻生徂徕研究［M］.上海:上海古籍出版社,2005.

［15］　王青.日本哲学与思想研究文集［M］.北京:中国社会科学出版社,2015.

［16］　吴震.当中国儒学遭遇"日本":19世纪以来"儒学日本化"的问题史考察［M］.上海:华东师范大学出版社,2015.

［17］　许倬云.中西文明的对照［M］.杭州:浙江人民出版社,2013.

［18］　霍尔.日本史:从史前到现代［M］.邓懿,周一良,译.北京:商务印书馆,2013.

［19］　张宝三,杨儒宾.日本汉学研究续探:思想文化篇［M］.上海:华东师范大学出版社,2008.

［20］　张崑将.日本德川时代古学派的王道政治论:以伊藤仁斋、荻生徂徕为

中心[M].上海:华东师范大学出版社,2007.

[21] 朱谦之.中国思想对于欧洲文化之影响[M].北京:商务印书馆,1940.

[22] 朱谦之.日本的朱子学[M].北京:生活·读书·新知三联书店,1958.

[23] 朱谦之.日本的古学及阳明学[M].上海:上海人民出版社,1962.

[24] 朱谦之.日本哲学史[M].北京:生活·读书·新知三联书店,1964.

[25] 牟宗三.宋明儒学的问题与发展[M].上海:华东师范大学出版社,2004.

[26] 徐水生.中国哲学与日本文化[M].北京:中华书局,2012.

后　记

日本战后思想是日本战后知识分子在通过历史自我反省、自我认知的过程中形成的智慧结晶，是日本思想史发展的重要阶段。本书通过对其代表人物竹内好、丸山真男和加藤周一的介绍，展现日本知识分子在创伤中寻求希望，在历史与未来、传统与创新、亚洲与欧美的三重夹缝中寻求方法的三种不同态度。

其中，着墨最多的还是加藤周一。这不仅因为他是一位热心结交中国朋友、致力于理解中国方法的评论家和思想家，也因为他是一位既能用宏观的历史世界观俯瞰东西方文化，又能重视东西方文化细节的智者。

加藤周一一生曾九次来华。早在日本前首相田中角荣于1972 年访华之前，加藤周一就在 1971 年首次来到了中国。此后的二十年间，他又先后于 1977 年、1984 年、1987 年、1994 年和1998 年五次来华，其中有两次是应邀到北京大学举办讲座。除了公事，他还和陈舜臣等友人结伴到敦煌旅游。每次来中国，他都能发现中国之美，并撰写散文把感想发表在日本的杂志上。

2000 年以后，已达八十岁高龄的加藤周一身体每况愈下，但在辞世前的最后五年里，竟坚持来华达四次之多。2004 年，他和鹤见俊辅等日本有识之士一起成立了"九条会"，致力于保护日本和平宪法第九条。2005 年是他生命的最后一年。当年 3月，他应邀在清华大学举办了最后一次在中国的讲座，并于 12月 5 日在东京与世长辞。

最后，我想借加藤周一倾注心血的"九条会"的声明❶作为本书后记和结尾，衷心希望有越来越多的中国读者了解和看到加藤周一及其思想，同时感谢加藤周一的生前挚友鹫巢力先生对笔者的鼓励和对本书的推荐，感谢陈诗雨的倾心翻译（笔者在翻译过程中对原文又做出了修订）和李硕编辑的精心工作。

今天，日本国宪法正面临着巨大的考验。

第二次世界大战使用了大量非人道的武器。其中，在广岛、长崎投下的两颗原子弹，夺走了五千万人的生命。全世界人民从这场战争中得到一个深刻的教训，那就是绝不以武力解决任何国际纷争。

为此，曾经发动了长期侵略战争、对这场大战负有重大责任的日本制定了新宪法。其第九条明确规定，日本永久放弃战争和军事力量，决心要实现这一全世界人民的共同愿望。

然而，在宪法制定经过了半个世纪的今天，一股企图"修改"以第九条为中心的日本宪法的强大势力，正以空前的规模抬头。这股势力的用心就是要把日本变为追随美国的"战争国家"。为达到这个目的，集团自卫权的许可、自卫队的海外派遣和武力行使在事实上已经打破了宪法的约束，并且使"无核三原则"以及禁止出口武器等重要方针面临危机。为了将孩子们灌输成"战争国家"的"栋梁"，他们甚至还企图修改《教育基本法》。日本宪法的目标是要建设

---

❶ 参见"九条会"官方网站：http：//www.9 – jo.jp/zh/appeal_zh.html，访问日期：2022年9月1日。

一个不依靠武力解决纷争的国家，而反动势力的行为正是要从根本上改变这一目标，把日本带上一条由军事主导的道路。这是我们绝不允许的！

美国对伊拉克的进攻和占领政策的失败都日益清楚地表明，依靠武力解决纷争是不现实的。行使武力只会剥夺当事国家和地区人民的生活与福祉。事实上，20世纪90年代以后，"大国"对地域纷争的军事介入都没能有效地解决纷争。正因为如此，东南亚以及欧洲各地的人民为了通过外交和对话解决纷争，正在努力摸索一条加强地域联合的途径。

今天，为了吸取20世纪的教训，开辟21世纪的前进道路，我们清楚地认识到重新把宪法第九条作为外交的基本方针是何等重要。把对方国家并不欢迎的自卫队派兵称为"国际贡献"，不过是狂妄自大的幻想而已。

时代要求我们以宪法第九条为基础，发展与亚洲人民以及世界各国人民之间的友好合作关系，改变以日美军事同盟为中心的外交政策，发挥独立自主的精神，脚踏实地地加入世界潮流。只有拥有宪法第九条的日本才能够在尊重对方国家立场的前提下，发展和平外交，建立经济文化和科学技术等各个领域的合作关系。

我们要与全世界爱好和平的人民联合起来，让宪法第九条在剧烈动荡的国际社会重新绽放异彩。为此，作为国家主权者的每一位日本公民，有必要重新选择拥有第九条的日本国宪法，视宪法为自己的财产，并努力行使宪法权利。这是每一位主权者对国家未来应负的责任。我们呼吁：为了日本和世界和平的未来，让我们携起手来共同捍卫日本国宪法！

为了阻止"修宪"的企图,每一个公民应刻不容缓地行动起来!我们每一个人应在力所能及的范围内不惜全力去面对。

著者 刘争

2022 年 1 月于神户